U0019534

真情真意

Chen Chen

華語影壇第一代玉女巨星
甄珍的千言萬語

甄珍 口述
徐紀琤 採訪撰稿

推薦序

我最欣賞的演員──甄珍

李行 導演

我一生拍了五十二部戲，其中和甄珍合作六部，她是我心裡最可愛也最有才華的演員。

和甄珍合作的淵源起自李翰祥，他先在香港拍戲，後來在台灣成立國聯電影公司，我很心儀李翰祥的才華，進而成為好友。甄珍是他的掌上明珠，在他導演的《緹縈》中表現傑出！

國聯公司一九六七年因財務問題結束營業後，甄珍連續拍了中影公司兩部電影《白屋之戀》、《新娘與我》，導演是我的學弟白景瑞。一九六八年，我和白景瑞等十位好朋友，成立大眾電影公司，白景瑞再邀甄珍拍了大眾的第一部戲《今天不回家》，電影很轟動賣座。我帶演員到香港宣傳時，看到甄珍受到觀眾歡迎的程度，沒有一位台灣演員能夠相比。之後我和甄珍陸續合作中影的《群星會》、大眾的《母與女》。

一九七三年，我導演瓊瑤小說改編的《彩雲飛》，大受歡迎，這部戲將甄珍的演藝事業推向高峰。之後我和她接連合作《心有千千結》、《婚姻大事》、《海鷗飛處》。其中，她在《彩雲飛》裡演得最好，是她的代表作。她演一對孿生姊妹，一長髮一短髮，個性一弱一強。她把兩個不同的角色，詮釋得非常成功。她不只能演淘氣、柔弱的角色，在《心有千千結》裡也成功詮釋剛毅獨立的特別護士。她是演什麼像什麼。

甄珍是天才型演員，演技自然。她不打扮的時候，清秀可愛，像鄰家少女，氣質很好。上了妝就是明豔照人的明星，這是祖師爺賞飯吃，全身的、半身的、正面的、側面的，仰拍俯拍，怎麼拍都好看，別的女明星要很小心的找角度，她都不用。

最難能可貴的是，甄珍的個性好，很隨和親切，沒有架子，成天嘻嘻哈哈，是開心果，大家都喜歡她。拍戲累了，她在片場說睡就睡，一點也不矯揉造作。《彩雲飛》有夜總會的戲，要等夜總會深夜散場後才能讓我們拍片，先拍大場面，甄珍化好妝先睡，拍到她時，再叫醒她。自然就是美，不需要濃妝豔抹。

甄珍很用功，很多演員看劇本只看自己的部分，她會全部消化。她也很有智慧，拍大型歌舞片《群星會》，我找了台灣電視台當紅歌唱節目《群星會》的製作人關華石，還有主持人兼詞曲創作者慎芝指導。甄珍在戲裡要唱要跳，她一個鏡頭就拍完。

甄珍的個性從年輕到現在，五十多年了，一點都沒有變，這是最可貴的，她熱情豁達，不驕傲，不造作，尤其是不現實，對每個人都是客客氣氣，這在一般人都不容易了，何況是演藝圈的大明星！她善良念舊，關心每一位老朋友的健康，常常約大家聚會。只要聽到她哈哈大笑，大家就跟著開心。

我很贊成她出傳記，把一生記錄下來，回顧來時路的美好和甘苦，影迷也能真切的認識這位國語影壇巨星的真實面貌，必定更加喜愛她、心疼她，並且祝福她。

（李行口述／徐紀琤整理）

昔日光影玉人來

焦雄屏　電影監製

我初中讀的是古亭女中。那時放學總喜歡往反方向走，從泉州街到南海路到牯嶺街，這樣我就可以經過國聯電影公司，那個李翰祥導演建得風風火火的地方。我每次假裝路過，伸著腦袋往大門裡看一眼，期待能看到銀幕上報紙上的人物。那一天，我就看到了甄珍。

那個年代沒有什麼影迷、粉絲。電影幾乎是唯一的國民娛樂，比流行歌曲還深入人心。像我這種家庭單純、過得呆頭呆腦的女學生，看到明星一次，可以映在腦海中回味好幾天，以至數十年過去，歷歷在目彷彿昨日，清楚的記得那個紮著馬尾、站在門口，有銀鈴般笑聲的小女孩甄珍，那麼驚人的靈秀之氣。

怪不得李翰祥大舉招考明星，人海中就挑了她。從三千七百多名應徵者中，就挑了唯一的一位。李大導演當年在台灣算得上家喻戶曉，他拍的《貂蟬》、《江山美人》、《梁山伯與祝英台》黃梅調，部部風靡大街小巷，似乎每個人都會哼上那麼一兩段。後來他和邵氏東主爆出合約糾紛，從香港出走到台灣，就憑他在台灣的知名度，雄心大志的要建大片廠，與香港影壇一別苗頭。

首先大張旗鼓的建立電影公司，自己簽約培養明星，自己出宣傳雜誌，儼然就是另一個邵氏或電懋片廠的翻版，母模板就是美國的八大片廠。

國聯簽約數十個演員（其中還包括當時叫做康凱的秦漢），開始造星運動，首先推出的就是「國聯五鳳」，成員是江青、汪玲、鈕方雨、李登惠，小鳳就是甄珍。我們小時候生活實在太單調了，讀書看電影看電視，剩下就是讀報紙看雜誌了。《南國電影》、《國際電影》、《國聯電影》，電影雜誌五花八門。雜誌比教科書容易滲透腦海，國聯五鳳來歷到我們口中簡直如數家珍。江青、汪玲來自香港（後來才知道她們是來自大陸），鈕方雨是大鵬劇校的花旦（小時候常看到她在台視演《拾玉鐲》這類平劇劇碼），李登惠是福州戲的坤角，甄珍則是唯一從數千人中公開招考來的。其實這也沒什麼懸念，她當年那股靈秀嬌憨之氣，在任何人群中都會招人眼球，何況她還有一個滿映明星美人胚子的媽媽張鳳琴（藝名張鳳），用現在的話來說叫「星二代」。

可能因為李翰祥名聲太大，過去電影又太令人印象深刻，像《兒女英雄傳》、《後門》、《倩女幽魂》、《楊貴妃》、《武則天》、《一毛錢》到今天看都絕不褪色，如此豐富了我們渴望故事的少年時代，我覺得我們那一代的觀眾對國聯電影是充滿信仰和忠誠的。國聯繼《七仙女》票房打敗邵氏版後，再接再厲以電影《狀元及第》獲當年國片賣座冠軍，使李翰祥對邵氏出了一口悶氣，但是做一個片廠需要量產，出品電影一多水準就參差不平了。我們觀眾卻一如既往的什麼國聯電影都追，沒有什麼標準，也不發表好片爛片的意見。基本態度挺鄉愿的，好看的記在心裡，不好看的就漸漸遺忘。國聯電影出品還真不少，好的有《冬暖》、《幾度夕陽紅》、《破曉時分》，混亂甚至不知所云的也有《塔裡的女人》、《黑牛與白牛》、《遠山含笑》、《明月幾時圓》。

作為國聯一份子，甄珍當然在許多片中都有份參加。縱使電影品質參差不齊，她的扮相卻一逕百毒不侵的清麗出眾：《天之驕女》的古裝麗人、《鳳陽花鼓》的江湖賣藝女，當然還有無數時裝片的時尚形象。李行導演曾誇她具有明星「祖師爺賞飯吃」的外型：「即使在片場裡睡著，一被叫醒就拍，不用補什麼妝，臉上也不見浮腫。」

一九六四年，台中豐原上空的空難事件重創了電影界：國聯幕後金主之一的新馬大財閥陸運濤和台港一批精英製片遇難，也帶走了國聯公司巨大的金源，致財務吃緊終於破產。甄珍此時提前解約，並簽約入中影。這時候是台灣逐漸從農業社會轉為都會生活之際，觀眾對古裝、黃梅調，還有健康寫實的農村電影漸漸喪失興趣，而甄珍都會的時代感正是奇貨可居。《新娘與我》、《今天不回家》內容縱或稚嫩粗疏或天真漫畫般的不易消化，卻成就了甄珍的大開大闔事業。

我們細數她那時的拍片歷史：一九七〇年八部，一九七一年九部，一九七二年十三部（！），一九七三年七部，一九七四年十二部，一九七六年七部，一九七七年九部，如此密集的軋戲，不要命一般，令人猜疑她什麼時間吃飯睡覺？可議的是，她還在這段時間談了兩場轟轟烈烈的戀愛。從影十九年，她拍了八十五部電影，囊括各種類型：像民初動作片《落鷹峽》、古裝鬼片《喜怒哀樂》、歌舞片《群星會》、反映社會現象的嘲諷片《新娘與我》、《今天不回家》、探討親子關係的《母與女》、社會寫實片《騙術奇譚》，甚至還有三部台日合拍片《薔薇的標誌》、《畢業旅行》等等。這種數字和紀錄簡直是世界級的。

老天爺賞了她外型，但是眾多的作品中她的許多表演也可圈可點：《緹縈》中大義凜然犯蹕喊冤救父的孝女、《落鷹峽》中英姿颯爽勇敢矯捷的金娃、《富貴花開》身段優雅調皮嗔嗲的千金、《群星會》中能歌善舞的曼妙少女、淘氣促狹的本色系列（小淘氣系列）、《母與女》中驕縱叛逆的女兒、《海鷗飛處》的多變千面身分、《一簾幽夢》中為戀愛苦惱的典型瓊瑤女孩……她的戲路是如此寬廣，彷彿老天也在考驗她的演技。

她的多產說明她的重要性，市場認她。而她的作品集幾乎是台灣當年電影的近代史，它們也忠實的反映了台灣社會的變化，其中最突出的是經濟的轉型，青年文化的崛起。瓊瑤小說和瓊瑤電影鐫刻了冷戰時期年輕人對情感的渴望，和對父執輩價值的不屑，甄珍是當仁不讓的愛情扛鼎女主角。她的片目中不乏當時那種抒情帶點「悲秋」文藝腔的片名，《煙水寒》、《彩雲飛》、

《心有千千結》、《海鷗飛處》、《我心深處》、《秋詩篇篇》，部部傷景詠物，把虛幻的愛情當飯吃，也不時冒出莫名其妙的金句（「雖然我們迷了路，但我們找到了人性，找到了自己」）。

瓊瑤小說早期源自《簡愛》、《咆哮山莊》、《米蘭夫人》式的哥德式小說（gothic novel），套路式的配備著為愛情瘋掉的女人、沉默容忍的中年男人，其實放在台灣的社會顯得突兀，甄珍卻能以她的美麗傷情和憂鬱，賦予所有轟轟烈烈愛情以正當性。新一代觀眾以女學生和新興工廠加工區的女工為主，她們都在電影中化身甄珍，夢想著如鄧光榮、秦漢、秦祥林式的白馬王子。瓊瑤電影如洪水猛獸席捲電影界，造就了一代幽幽的少女心，憂傷悲情的腔調偶爾輕鬆輕快起來會轉為愛情喜劇，再包裝點流行插曲，《晴時多雲偶陣雨》、《微風細雨點點晴》，不管怎麼變，甄珍是唯一的愛情品牌。

這一波來勢洶湧的台灣電影暴漲的聲勢，不僅發酵到東南亞和港澳，也把當年的大導演李行、白景瑞都捲入。在眾多呢呢喃喃的愛情囈語裡，《海鷗飛處》、《一簾幽夢》是比較精緻的作品，也提升了台灣電影的產業地位，當然甄珍功不可沒。今天回顧，甄珍在這些愛情片中並不褪流行，她的美既不落伍也沒有當代的人工味，只是當鏡頭不在她身上臉上時，其他配角顯得那麼靡弱乏味，與她無法匹配。

反諷的是，她因為自己的愛情和三角關係，提前退休把棒子交給了林青霞和林鳳嬌。我雖然和甄珍近來交流頗多，但也一直沒好意思問，她是不是自己也中了瓊瑤的套，把銀幕上的反抗父母意旨、追求浪漫愛情搬演到了現實生活中。

瓊瑤片之外，甄珍對另一個一九七〇年代的風潮「愛國片」也出力頗多。這是台灣當時的「主旋律」，源自這個世代初爆發的斷交潮。中華民國被退出聯合國，接著日本、美國等邦交國一一選擇與中共建交，台灣集體群情悲憤，有一股被世界遺棄的亞細亞孤兒情結。這股民氣無法對陌生也不理解的大陸發洩，於是奇特的轉喻成為「抗日」民族情緒（何況日本的確是率先與我們斷交的）。《八百壯士》、《梅花》、《筧橋英烈傳》乘風而起，甄珍也沒有缺席。她在《英烈千秋》中與陳莎莉飾演張自忠的女兒和妻子，那場雨中窄巷與父親交錯而過卻隱忍不相認的戲曾令多少人啜泣；《黃埔軍魂》顯然襲自好萊塢的《西點軍魂》，甄珍的表演也多少救了這部煽情大戲。這股風潮一直延續到一九八〇年代，甄珍也拍了《揹國旗的人》、《聖戰千秋》，可惜台灣新電影運動已起，顯得不合時宜。

甄珍唯一缺席的是健康寫實潮流。可能因為她的外貌氣質與鄉土味的村姑漁家女相差太遠。我也可惜她沒有機會參加台灣新電影運動。她可能很難融入黃春明式的鄉土故事中，但楊德昌式的台北與都會她應該可以有一席之地。這些都屬於比較寫實的台北電影，而甄珍，她是逃避主義時代的象徵，是出塵的玉女。

彼時我已經出國專攻電影，對瓊瑤片、軍教愛國片興趣缺缺（就像我一直不相信鄧光榮的港式阿飛造型可以是台灣抱洋書的大學生，或文謅謅的小說家。又或者在聽過柯俊雄的台灣國語後看到他扮演張自忠或謝晉元，會沒法接受陸廣浩的配音而一直出戲）。回國我又一直在推動新電影，與甄珍緣慳一面，許多電影也是最近補看。固然內裡不乏糟粕，但總體代表了新電影崛起前台灣當代電影史的一部分，不容小覷。

歷史會記得，有那麼個一代玉女，在逃避主義的年代，提供了多少觀眾心靈的滿足。玉人終究會隨時間老去，光影卻會長存。

推薦序

「甄」情「珍」意　經典在高雄

韓國瑜

高雄市長

甄珍女士以活潑亮麗的形象風靡亞洲，是國片黃金時期的超級偶像，早年她在高雄曾拍攝《落鷹峽》、《群星會》等電影，反映時代精神，也將高雄的景物透過銀幕和精彩的戲劇完整呈現；當時楠梓加工出口區裡的女作業員，常邊聽甄珍電影主題曲邊工作，休閒時也看她的電影，真善美的形象，成為觀眾的心靈撫慰。

而她演出瓊瑤小說改編的系列文藝愛情片，在高雄力推「愛情產業鏈」的氛圍中，扮演先鋒者的角色。想想有多少人曾跟著甄珍演出的角色，跟著哭、跟著笑，久久不能忘懷！而這正是城市需要的力量，以愛和歡樂來轉動城市，讓高雄有愛的溫度和心跳。

鎂光燈外的甄珍女士，為人熱忱、樂善好施，二〇一九年四月，她擔任高雄公益大使，拋磚引玉，捐款幫助弱勢，支持高雄成為一個溫暖的城市，是高雄的好朋友。

不管在影視的專業上，或在為人處事上，甄珍女士代表了時代的經典，是永遠的玉女偶像！透過她，我們也擁有了巔峰造極的視野，引燃我們朝夢想出發的動力。

高雄，掌握著百年難得的好機會，將打造成為星光熠熠的影視重鎮，讓電影人才和資源進來，在此發展茁壯，也讓全世界的觀眾透過影像、透過明星，都能看見高雄的美好。

於此同時，獲金馬獎「終身成就獎」殊榮的甄珍女士，整理她從影超過半世紀的酸甜苦辣，出版《真情真意》一書，我有幸為仰慕已久的明星寫序，以此立下高雄在影視產業發展基地的路上，美好的里程碑。

自序

獻上我的「真情真意」

何其幸運，父親給我一個快樂的成長環境，母親賜予我演戲的細胞，弟弟胖子、妹妹銀霞，陪伴我度過此生的風風雨雨。

何其榮幸，我碰上了台灣電影業風華絕美的時代，有大導演的提攜、藝界同仁的指導，粉絲朋友的支持，讓我有機會成為台灣第一代的瓊瑤愛情電影女演員。

何其浪漫，我這一生結過兩次婚，相信這兩位男士都曾深深的愛過我，我也曾愛過他們，有甜蜜、有浪漫、有感傷、有後悔、有遺憾；隨著年邁，希望他們都能快樂安度老年，笑看人生的喜怒哀樂。

何其美好，生命中有了子千（注1），是上帝應允並賜予我最美的天使，從他呱呱落地、踉蹌學步、牙牙學語、讀書成長、就業工作，我們一路相伴、互相依賴，滿滿的愛，讓此生沒有缺憾，這份母子情緣，是我這輩子最深的依戀。

何其珍惜，我老了，卻總有一群好朋友圍繞在身邊，天天有問候，日日有歡笑，這份情誼希望一直持續到有一天我走不動了、吃不了了。我想說的是「有你們真好」！

何其感恩，謝謝這一生所有相遇的人，你們的善良、美意、疼惜、照顧、愛護、體諒、支持，我永遠銘記在心！

謹以本書獻上我的「真情真意」！

息影多年平凡的影人

二〇一九年五月二十八日

注1 劉子千：二〇一九年五月，隨母姓改名為章立衡。

深入一代巨星的生命

徐紀琤

二〇一三年，甄珍獲得第五十屆金馬獎終身成就獎時，李行起意辦她的影展，二〇一八年五月成形，連帶時報文化出版公司邀請她出傳記。她打電話給我：「妳幫我寫吧？」我說，退休了，不想再寫稿了。她回：「妳最了解我，當然是妳寫啊！」

一九九〇年，我轉業到《中國時報》採訪影劇新聞，當時，甄珍已息影六年，我未恭逢其盛。二〇〇九年，劉子千出第一張唱片專輯，隔年，劉家昌舉辦《往事只能回味》音樂會，父子倆突然火起來。久違的甄珍為夫婿、兒子公開露面。當時，我擔任行政工作，已經不在第一線跑新聞，獲邀和記者到甄珍家專訪一家三口，終於見到超級巨星；之後維持一般的採訪關係，她客氣親切，沒有架子，但也維持著對媒體的保護底線。

二〇一五年，劉家昌在香港訴請離婚，媒體不解，甄珍為難地說：「那要問他了。」隨後，她主動宣布兩人早在一九八七年離婚，語氣充滿苦衷。我有點抱怨她之前隱瞞真相，她嘆氣說：「也沒人問過我們是否離婚啊？」話是不假，但有些強詞奪理，誰會問一對看似恩愛的夫妻：「你們還在婚姻中嗎？」

回想起來，劉家昌在場時，甄珍總是不多言，微笑招呼大家，偶現尷尬憂慮之色。兩人被稱為「才子佳人」，她笑著揶揄：「哎呀，不要嫁才子，要嫁財子！」也有弦外之音。出書再談此事，她說劉家昌曾經為了「嫁財子」一說，臭罵她愛錢俗氣，其實她只是一句玩笑話，「認識這樣的才子，當然還不如那樣的財子嘛。」

三年多前，我自《中國時報》退休，甄珍來信說：「妹子，這麼早退休？別擔心，放寬心……」好似退休即失業，令她同情。我始終認為記者和受訪者要成為真心朋友很困難，難免各有立場，友情不易維繫。退休成為我和她情誼的轉捩點，過去她不方便說的，記者問不到的，皆無顧慮了。

寫甄珍的傳記，起先很猶豫，要照顧年邁的母親，擔心時間不夠，對早年的電影環境也不夠了解。二姊說：「那次妳採訪回來，談了一夜的甄珍，妳說，以後如果要寫書，只想寫甄珍。現在當然該寫了。」

喜歡甄珍，起自國中時，卻是因為秦祥林。看兩人主演的電影《心有千千結》、《一簾幽夢》、《我心深處》……迷戀上深情英俊的男主角，自然而然的愛上美麗溫柔的女主角。和甄珍成為好友的初期，我還是愛問兩人拍戲的種種，那場戲是怎麼拍的？他是不是女朋友很多？他真的很小氣嗎？他和秦漢誰帥……她總是好心的滿足我，從不取笑我幼稚或無聊。

漸漸的，發現她的魅力遠超過銀幕，總是笑容可掬、風趣直率，大眼睛轉啊轉的，即使添了皺紋，依然閃閃發亮，會笑、會逗、會說話，動人心神。說到開心事，她還會耍寶，模仿人，扭一扭、唱一唱，眉開眼笑，可愛得不得了。

她談吐直率卻溫和，常笑呵呵的說「我笑得啊」、「我氣得啊」，從來沒聽她說過：「我氣得要死！」尖銳罵人的話，她一概不會，最多搞笑說句：「他奶奶的！」讓人爆笑。平常，她幾句話就「呵呵呵……哈哈哈……」咯咯咯的爽朗笑聲，開出一朵朵燦爛的花。

有一次，我去Costco（好市多），她正好也要去。穿梭在一座座的貨架中，她從容自在，給子千買最好的鮭魚排，告訴我一長條切成三份，沒有刺，吃來方便。當天特惠一年一度的整條大鮭魚，我問她，買了鮭魚排，再買整條鮭魚，會不會太多了？她說不會。魚排沒有刺，子千吃，她把這條魚切片，她和幫傭都可以吃。我們開心的各捧一條大魚回家。很難想像，這位言笑晏晏、樸實的媽媽，是當年如夢般的瓊瑤女神。

甄珍禮數周到，大方出名。和朋友聚會，一定是她請客。一年多來，為了辦影展，她請幫忙的朋友、工作人員吃飯無數。怕她花錢無度，希望她多休息，建議她除了募款請吃飯，其他事務在咖啡廳見面就好，平常的朋友聚會也先暫停。她呵呵笑：「真現實啊，募款才可以吃飯啊？」要她改變很難，好在餐後剩菜一律打包，由朋友或是她帶回家，這點「惜食」，些許彌補了朋友的心疼。

有時候，她也會說飯局太多，又胖了，太肥了。讚美她還是很美，她說：「哪敢說美，不醜就好啦！」說她慈眉善目、氣質好，她開朗的大笑：「哎呀，我氣質好？我是肥老太婆啊！」如此直率可愛的人，幾日不見，令人掛念，難怪好友王安妮每天早晚微信，處處叮嚀老妹子，盡是關愛。看她對著手機甜甜的回話：「了解、了解，謝謝、謝謝。」禁不住跟著微笑歡喜。

甄珍對許多事不在意、很灑脫，但是非常愛面子、臉皮薄，很怕麻煩別人。即使熟了，她還是很客氣，常說：「謝謝、不好意思」，經常冒出一句：「我請問一件事喔……」被她正經八百的「請問」嚇一跳，稱她是「禮貌大使」。她是聊天的好對象，無話不說，真摯誠懇，話中夾著「妳知道不」、「我跟妳講啊」，流露著真情真意。

演藝圈競爭大，是非多。採訪甄珍的友人，每一位都說她善良、可愛、天真、大方……沒有一句不好，彼此也沒有不愉快過。同樣的，從未聽她道人長短。別人議論什麼，她只聽，或是顧左右而不言他，有時徹底撇清：「這是你說的，不是我講的喔。」記者問她八卦，她立刻回：「我沒聽說，不知道耶！」絕不背叛朋友。

和甄珍共度一年，發現她堅毅不拔的一面。為實踐李行導演的心願，傳記、影展、文物展同時起跑，事務繁雜，千頭萬緒，她一一面對，多次往返港台洽談照片與電影版權、修復影片、邀請名人與會……她還親自剪接宣傳影片，收集當年拍電影的服裝等，事必躬親，絲毫不苟。面對層出不窮的問題，她堅持不懈，承受多方委屈挫折，忙得天天早出晚歸，換做他人，如此勞民傷財的事，早已放棄，但她總說：「盡力就好，一切都會過去的。」

去年十一月，傳記完成八成，我在大皮包裡放了筆電、筆記、所有資料，因車門沒關，整個皮包被竊。報警後，沮喪的寫了封信給甄珍和出版社。甄珍打電話來，語氣心疼：「不要急啊，晚一點出書嘛！」接著再安慰：「不出了，總可以吧，不要難過，我們一起想辦法。」她越溫暖體貼，我越自責抱歉。都丟光了，電腦也沒備份，怎麼重寫呢？她急著四處詢問、幫我想辦法，最後主張「登報懸賞」，我心想什麼時代了？隔天就買新電腦，靠記憶重寫。過了幾天，又聽她明朗甜美的聲音：「出來吃飯啊，不然都寫傻了。」我突然生氣起來，表明以後別找我吃飯，那天帶筆電，就是因為吃飯時要採訪，飯後要和她對稿，其實，採訪吃什麼飯呢！我胡亂牽拖，她笑呵呵的說：「好好好，今天不吃飯。」她是看多了無理取鬧的人吧。

深入她的生命，感染她的豁達與毅力。電腦掉了，立刻重寫，著急悔恨無濟於事。學習她的樂觀，不生氣，時時笑咪咪、呵呵呵，自己和身邊的人都快樂。見她友誼至上，我也更加珍惜感情。甄珍，惠我良多。

將門之後
天生乖巧迷人

一九四七年，甄珍出生於戰亂的北京。母親在協和醫院產下甜美可愛的她，重七磅，天庭飽滿，皮膚白裡透紅，嘴角兩顆小梨渦，眼角和眉梢閃爍著波光，像個美麗的小天使。父親章沛霖給她取名章家珍，是家裡的寶貝。

甄珍的母親說，甄珍生下來就一頭烏黑柔髮，不像別人呱呱落地時直哭，她睜大眼睛環顧四周，小嘴不時咧起微笑，好似開心來到人間。醫生、護士說她一定是個樂天派，果真，她一生都是個開心果。

甄珍是浙江杭州人。杭州美女的特徵是面目清秀、皮膚白皙、嬌小玲瓏、性格溫和。這也是對甄珍最貼切的形容，既有大家閨秀的明朗，也不乏小家碧玉的玲瓏剔透，洋溢著西湖水一般的脈脈柔情。

甄珍出自將官世家，祖父章鴻春日本陸軍士官學校畢業，辛亥革命時為武漢陸軍學生軍，曾任陸軍騎兵第十五旅中將旅長、南京陸軍騎兵學校中將校長、南京要塞司令，以及駐日本大使館首席武官。濃眉大眼，威武英俊。甄珍兒子劉子千的眉眼，即遺傳自曾祖父。

父親章沛霖繼承衣缽，日本陸軍士官學校畢業，又留學美國，是國軍上校，曾任駐日本大使館武官、聯勤總部外事處。母親張鳳琴山東人，祖上經商，家境富裕，在哈爾濱長大，大學畢業後於中學任教，後來進入滿洲映畫協會電影公司，藝名張鳳，演過《征服天界》等片，和

半歲的甄珍，大眼睛、天庭飽滿，為父母所珍愛。

白光、張冰玉、劉恩甲是同事。甄珍後來成為大明星，也可說是克紹箕裘。

甄珍說：「爸爸老家在西湖畔，面積很大，曾被共產黨徵召為公安局。我們回老家看過，就在西湖大門的正對面，已成為五星級的凱悅飯店，屬於高級住宅和購物區，非常熱鬧，距離蕭山國際機場開車只要四十分鐘。」

甄珍的妹妹銀霞說，祖父章鴻春和何應欽將軍（曾任中華民國行政院長）是同學，媽媽告訴她，如果祖父當年也來了台灣，他們家就不一樣了。甄珍有一次遇到何應欽，「他對我說，祖父在台灣的話，我就做不成演員了。」意思是祖父在軍政上的地位，不會容許她拋頭露臉。祖父留在老家，七十五歲病逝。甄珍父親特別叮囑三個孩子，長大後不能從政，這番徹悟，可能和祖父仕途後期的波折不幸有關。

章沛霖曾擔任政府接收東北的三人小組，甄珍說：「那時候，我爸爸在哈爾濱看到我媽媽，就把媽媽也『接收』了，呵呵呵。媽媽二十一歲生我，懷我的時候正在逃難，不想要我，想藉溜冰把我摔掉。可是她在北方長大，很會溜冰，一摔，就下意識的扶著地，怎麼都摔不掉我，只能把我生下來。」

一九四八年，國共內戰，政府撤退，父親帶著妻女從北京到上海，再搭船到台灣。「爸爸媽媽先住在上海碼頭旁的和平飯店。在船上，勤務兵在甲板上燒飯，不小心著火了，媽媽抱著

甄珍遺傳了爸爸高挺的鼻子。

甄珍爸爸曾留學美國，外型英俊瀟灑。

我下船，樓梯是大粗麻繩綁的，中間有塊木板，不好走，她愛漂亮，還穿著三吋高跟鞋。」母親帶了值錢的首飾，三口人得以在台灣安身立命。

一家人先在台中的眷村落腳，後搬到台北。甄珍三歲時，弟弟章家維出生。四歲時，父親派到日本大使館當武官，全家搬到東京；後來父親又被派到韓國打韓戰，母親帶著兒女留在日本。甄珍說：「我們在日本住了七年。爸爸先回台灣，媽媽再帶著我和弟弟從日本回來。我們去日本是搭螺旋槳的大軍機，爸爸、媽媽抱一個牽一個。從日本回台灣坐大輪船，我和弟弟滿船跑，因為遇到颱風，一個月才到台灣，船上的大副、二副都跟我們成了好朋友。」

甄珍身分證上的生日是一月一日，「我真正的生日是七月十七日，爸爸不記得，乾脆寫成一月一日，把弟弟寫成一月八日，都是錯的！後來我去改，因為沒有出生證明，戶政單位不給改，我就一直是元旦寶寶，爸爸的記性和我差不多，呵呵呵……」

父親不記得孩子的確切生日，但對寶貝女兒呵護備至。「小時候，爸爸每天在我的枕頭下放一片巧克力糖，我醒了就摸摸枕頭底下，小心的剝開銀紙，在床上慢慢的讓糖化在嘴裡，捨不得一口就吞下去，那是我最早的幸福。」這股濃郁香醇的滋味，讓她一直喜愛巧克力糖，「不過，我到現在沒有一顆蛀齒，要感謝媽媽，把我生了一口好牙。」

母親回台後有些精神衰弱，可能是在日本獨自帶兩個孩子，壓力太大，也有人說，母親過

甄珍比弟弟大三歲，姊弟情深。

甄珍從小個性開朗，很愛笑（左），小學就學芭蕾舞（右）。

於擔心父親。甄珍說：「爸爸身高一百七十七公分，在那個年代是很高的，他英俊瀟灑，又在國外念書，博學多聞，自然有很多女性主動接近他。但是他沒有外遇，只是和女性朋友喝喝咖啡、聊聊天，媽媽有點疑心病，不過，他們從未在子女面前吵架。」

醫生建議母親再生一個孩子，分散注意力，於是有了比甄珍小十三歲的妹妹，就是後來的銀霞。章家有兩位標緻的女兒，兒子也帥，全家人顏值超高。

銀霞對父母充滿孺慕之情：「爸爸是外國人的身材，五官像大陸演員胡歌，比他還好看，我比較像爸爸；媽媽是大美女，姊姊很像媽媽，白皮膚，大眼睛，尖下巴，高挺的鼻子遺傳自爸爸。」

雖有了銀霞，母親的病沒有痊癒，嚴重時還要住院。小甄珍常牽著弟弟、抱著妹妹，到醫院送便當給媽媽，那是她第一次嘗到憂愁的滋味。她十八歲時，母親對記者說：「甄珍很乖巧，從小就會照顧弟弟妹妹，沒事就待在家裡幫忙家務，幾乎不出去玩，是靜如處子、動如脫兔的好女兒。」

甄珍後來成為台灣第一紅星。她說：「進了電影圈，我的生活還是很單純，每天不是家裡就是片場，從來不應酬，連和同學、朋友吃飯看電影都沒有。」母親代她處理一切事務，成了超級星媽，人稱「章媽媽」。

甄珍被母親嚴格保護，是電影界少有的乖乖牌，章媽媽曾是演員，深諳個中人情世故，媒體曾報導章媽媽是位厲害的星媽，很會賺錢。她曾說：「我不怕別人批評我，可是要想想拍部電影得要多少時間？孩子日以繼夜的工作，不也是替老闆賺錢嗎？我們是以心血體力及精神獲取應得的報酬，這有錯嗎？」

章媽媽堅持，女兒當明星，她絕對不能疏於照顧，「甄珍體弱多病，房間裡有各種藥瓶子。一部片的酬勞拿來補孩子的營養，夠不夠還大成問題，怎麼說我們要的價碼太高呢？我經常陪著她，都是為了看護她。」甄珍從小睡眠情況不好，拍戲久了、累了便暈眩。至今，每晚最多睡四小時，笑說「天天起得比雞早」。

曾被章媽媽提攜的秦祥林說：「甄珍的成功，章媽媽功不可沒。她常到香港、日本幫甄珍買衣服，讓甄珍無後顧之憂，她和天底下的媽媽一樣，都是為了孩子好。明星有媽媽在旁打理一切，多好啊！」

甄珍說：「我十六歲開始拍電影，媽媽怕我接觸到不好的人和事，非常保護我。我只拍戲，其他的事全都不用管，所以媽媽很辛苦。她的個性爽朗四海，不是有手腕、唯利是圖的星媽。」

父親呢？她笑說：「爸爸的口才比我還差，在家很少說話，和媽媽完全不一樣。他不反對我當演員，但是不准我穿暴露的衣服，更不可和男演員拍親密的戲，規定我拍完戲就要回家，假日出去一定要在晚上十二點前到家。爸爸從來沒有去過我拍戲的現場，也不插手我的工作。」不過，父親替她剪報，仔細記錄日期、哪個報社或雜誌，也剪下許多女孩子、女演員要注意的事項，像是小心色狼，演員耍大牌被批評的報導。父親的愛傳統含蓄，在甄珍身上也看得到這種特質。

因為沒有花費，甄珍身上不帶錢，拍戲跟著大家吃便當，「媽媽要照顧爸爸、弟弟和妹妹，還要陪著我。每天不論多早，她都幫我準備雞湯麵、水果，還帶吃的喝的到片場幫我補充營養。那時候台灣物資缺乏，演員要自備服裝，媽媽幫我從頭買到腳，只要我穿得好看，她都捨得買。」

那些美麗又講究的衣服、帽子……起先是母親保管，後來由銀霞收藏，完好如初。甄珍看到那些只穿過一次的衣服發出驚歎：「還是很漂亮，也沒有退流行。只是每一件的腰，都只有這麼一點點大！我以前怎麼穿得進去啊！」

甄珍很年輕就工作，在家的時間不多，婚後定居國外，和父母的相處時間更少，「我很遺憾沒有多多陪伴他們，我的兩段婚姻也讓他們很操心。後來我自己當了母親，完全理解他們對我的約束和疼愛。感謝上帝，讓我生長在這麼開明溫暖的家庭。」

甄珍乖巧的望著媽媽，弟弟拉著媽媽撒嬌。

妹妹銀霞

媽媽的小寶貝

甄珍有個明星妹妹銀霞，兩人各自在影壇、歌壇發光。很少人知道她還有個弟弟，多年來，他是姊妹倆依靠的大柱子。

弟弟章家維，綽號「胖子」，比甄珍小三歲。甄珍說：「他小時候出車禍，被撞得很嚴重，屁股一半的肉都沒有了，每天趴在床上養傷，光吃不動就變胖了，我就叫他胖子，一直叫到現在。」聽來有些欠缺同情心，不過，胖子也不在乎，向來話不多、酷酷的，只有一見到甄珍的寶貝兒子劉子千，笑得眼睛成一條線，什麼事都肯做，子千喊他胖舅舅。

胖子香港珠海書院畢業，一九七八年，和甄珍同時定居美國。他的個性忠厚老實、低調沉穩。姊姊很早是大明星，妹妹也很快成為大歌星，父母過世後，他擔起照顧不是一般人的姊姊和妹妹，他說：「我是家裡最正常的人。」

甄珍說：「胖子人很好，我住在美國，英文不行，所有需要用到英文的事全靠胖子。他的太太更好，凡事不計較，很漂亮、很大方，把兩個兒子教育得很優秀，現在都當醫生了。胖子一家人待子千像親兒子、親兄弟。現在胖子當了祖父，也不胖了。」

銀霞本名章家興，比甄珍小十三歲。小學念中山國小，初中上道明外僑學校，高中在美國念舊金山天主教女子高中，大學是舊金山馬林大學。身為甄珍的妹妹，念書時已有明星架勢，父母不贊成她入演藝界，總以「年紀太小」婉拒外界邀約。

甄珍和弟弟生在小康家庭，有娃娃和單車、玩具車。

一九七七年，銀霞回台灌了第一張專輯《秋詩篇篇》，也是甄珍主演的電影主題曲。當時銀霞蓄著瀏海的娃娃頭，眉下閃著一對鳳目，氣質清麗。〈秋詩篇篇〉後來被不少歌星翻唱，都不及銀霞有韻味。劉家昌曾說，她年紀雖輕，但對情感的體會與表達很深。甄珍認為妹妹的歌聲很特別，「很有感情，清新自然不做作」。不過，讓銀霞大紅特紅的是一九七九年的民歌〈蘭花草〉，胡適的詞，很適合清純脫俗的她。她利用暑假從美國返台錄製，不料，父親突然腦溢血過世，她返美奔喪，沒有參與任何宣傳，《蘭花草》專輯裡的所有歌曲〈偶然〉、〈陽光和小雨〉……卻紅遍大街小巷。

銀霞多才多藝，一九八〇年開始拍電影，前後十幾部，演唱了〈台北66〉、〈西風的故鄉〉、〈你那好冷的小手〉、〈雲知道你是誰〉、〈Say Yes My Boy〉等知名歌曲，並主持電視節目，包括台灣中華電視台與香港無線電視台合作的除夕特別節目，在香港紅勘錄影，搭檔是曾志偉。她英文好，主持過金鐘獎、亞太影展（一九八三年前，名為「亞洲影展」）、金馬獎以及選美晚會……是雙語知性主持人。

「銀霞」是海山唱片幫她取的藝名，她不喜歡，覺得土氣，「他們覺得我的本名像男生，可是『銀霞』兩字很不像我。那時候記者訪問我，叫我名字三次，我都看著別人，還是媽媽在旁邊推我，我才知道是叫我。」她常拿名字開玩笑，要甄珍叫她「銀行」，「銀樓也可以啦！」

銀霞氣質清麗，當年蓄著瀏海的娃娃頭，
蔚成流行。（上：老麥攝影提供，下：徐濟平攝影）

銀霞說：「我有記憶起，姊姊就日夜拍戲，小時候我經常看到大明星，同學都很羨慕。我也常趁姊姊不在家，偷偷到她房間挖寶，裡面有很多美麗的衣服、帽子、鞋子、皮包、首飾……我又穿又戴，還用她的化妝品，畫個大濃妝，邊畫邊演，可以玩上幾個小時。」

甄珍龐大的戲服，在母親過世後，換成銀霞保管。「姊姊四十年前的東西都放在美國的倉庫裡，這些倉庫的租金，早就可以買半個套房了。」甄珍二〇一九年的影展，也展出她在電影裡的服裝、照片……銀霞清清楚楚的記得姊姊在哪部電影裡穿過哪些服裝，照片是何時拍的，一一從倉庫裡找出來，她得意的自稱是影展的「道具組長」！

有個大明星姊姊，銀霞說自己沾了不少好處，「姊姊在日本拍《畢業旅行》，我趁暑假兩個月，到日本找她，因為男主角是英國演員馬克·李斯特（Mark Lester），他在電影《孤雛淚》和《兩小無猜》裡很可愛。我那一趟就是要金髮童星的簽名。到日本的第一天，我就和他一起吃晚餐，他就坐在我的斜對面。」

銀霞和甄珍都有雙水靈的大眼睛、高挺的鼻子、小巧的嘴，只是甄珍甜美，銀霞冷豔。甄珍小時候乖巧聽話，銀霞調皮搗蛋，「我像男生，常常爬牆，很貪玩。三歲時，我玩媽媽的縫紉機，突然車針插進手指甲，痛得不得了。媽媽急死了，姊姊當機立斷，用牙齒把針咬掉，媽媽趕快帶我去醫院。」

姊妹倆各自在影壇、歌壇發光發熱，還曾一起主持過頒獎典禮。

還有一次，她看哥哥在外面打躲避球，擠進去玩，剛好被球擊中，「我整個人往後仰，後腦勺落地，尖尖的小石子就插進頭裡，姊姊剛好在，像外科醫生一樣，小心翼翼的用手指把小石子挖出來，然後消炎上藥，哥哥還警告我不准告訴爸媽。我怎麼會不說呢，吃飯時故意猛摸頭，媽媽問出怎麼回事，又送我上醫院。」甄珍想到當時情景，皺著眉說：「其實，我很怕見血，也怕痛，到現在都怕打針，寧可不看病。那時候是鼓足勇氣，不得已呀！」

在銀霞心裡，姊姊很溫柔，可是性子很急，這點和母親很像，「媽媽說話總是輕聲細語，但脾氣急，做事快，比我們三個兒女有耐心。」姊妹倆長大後，個性還是截然不同，甄珍爽快大方，銀霞膽小節省，有的時候，銀霞像姊姊，不時叮嚀甄珍大小事，甄珍笑她是「家長」。

銀霞說：「媽媽以前說，姊姊的臉型像伊麗莎白・泰勒，她的美麗和好人緣是與生俱來的，從小任何人見了她，都要親親抱抱。她從來不哭不鬧，非常可愛。我也覺得姊姊很美，每天開開心心，不愛生氣，沒有一點大明星的架子。也因為這樣，任何人向她推銷東西，她都來者不拒、照單全收，搞得家裡有各種奇奇怪怪的食品和藥物。」

銀霞是小女兒，媽媽的小寶貝，「小時候，我在路上都要抓著媽媽的手，媽媽不給抓，我就緊緊拉著她的皮包，深怕她不見了。」母親二〇〇〇年到二〇〇四年腹部不適，三度到宏恩醫院檢查，皆未檢查出大腸腫瘤。二〇〇七年去三軍總醫院才發現是大腸癌，已是第三期。台灣醫生束手無策，她堅持帶母親到香港就醫，來回搭乘醫療專機，換了兩家貴族醫院。甄珍花了龐大的醫藥費，還是挽回不了母親。二〇〇八年，母親過世，享壽八十一，對銀霞影響至鉅。

談起母親，銀霞忍不住傷心：「我一直和媽媽住，她要開刀時，哥哥趕回台灣，我問醫生媽媽能撐多久？他說只有一年，我當場大哭。媽媽走後，姊姊、哥哥把她土葬在洛杉磯，因為爸爸葬在舊金山，希望讓他們以後一起葬在洛杉磯。」

甄珍說，父親過世後，媽媽和妹妹相依為命，妹妹每晚和媽媽睡，兩人是彼此的安慰和依靠。「媽媽病逝後，妹妹一直在傷痛中，媽媽的衣物，她到現在還不肯丟。媽媽留給她的錢，她也捨不得用。我們家的東西，她全留著，是個很重感情的人。」她希望妹妹能早些放下媽媽過世的哀痛，開始新的生活，「我和胖子都很愛她，她要凡事往好的地方想。人快樂，身體才會健康。」

日本童年

可愛的小白兔

U.S.

甄珍八個月大時，隨父母從上海到台灣，四歲時，父親外派日本大使館，一家四口到了東京，她成了小小留學生。

回憶幼年時光，甄珍眼睛閃閃發亮：「在東京，我們家向日本人租房子，那是獨門獨院的大宅，花園很大，有很多大樹、花草，非常漂亮。我們住在另一棟獨立的客房，有四十多坪。房東先生是很有錢的人，太太很漂亮，每天穿得整整齊齊，頭髮也梳理得很工整。房東說，太太在家也化妝，他睜開眼，太太已經化好妝，閉上眼，太太才卸妝，所以沒看過太太的真面目，呵呵呵……」

小甄珍模樣可愛，在台灣見到叔叔、阿姨，嘴甜的稱爸爸、媽媽。在日本，她逢人就說「阿里呀兜」（日語的「謝謝」），再來個九十度大鞠躬，莫不受人喜愛，被大人稱為「白いウサギ」（日語的「小白兔」）。她說：「房東太太沒有小孩，很喜歡我，每天都叫我去她家玩。可是有一位叔叔到她家時，她就說『白いウサギ，妳先回家吧』，我小學三年級才慢慢懂得，那位叔叔是她的男朋友，感覺大人的世界很奇怪呀。」

因為她乖順，大人說什麼就做什麼，又愛笑，不發脾氣，大人都喜歡她。「特別的是我不會哭，被罵也不哭，媽媽很氣我不哭，說我是『杭鐵頭』，就是脾氣又倔又硬的杭州人！」不會哭？可是她後來演戲流淚，像水龍頭一樣，說哭就哭，而且梨花帶雨很動人。

在日本，媽媽帶著甄珍和弟弟出去玩，打扮得很講究。

左：甄珍抱著洋娃娃，自己也是個漂亮娃娃。

右：夏天裡，甄珍（右）和小朋友玩水。她笑說，這是她唯一的裸照。

「杭鐵頭」指杭州人特別倔強，脾氣不好，腦子不轉彎，是杭州人的外號。甄珍承認自己很倔強，「我很能忍耐，但是被逼急了，我就不理了，我也不會去吵架。像是媽媽說我，我認為沒道理，或是說太多次了，我就不說話，再委屈也不哭。」

甄珍在台灣時，父親教她說英文，到日本後，父母只和她說日文，她在校成績不錯，還學了舞蹈。「我留了一頭長髮，自己編辮子，有時候媽媽花很長的時間，幫我綁很多的小辮子，盤在頭頂上。同學、鄰居叫我辮子頭！」上小學的她，已經是個清秀小佳人。

十一歲時，甄珍全家回到台灣，不會中文的她功課一落千丈。她先上國語實小五年級，功課跟不上，轉到私立的及人小學。後來她家從永和搬到台北市中山北路，住公家的房子（後來改成大同工業專科學校，現在的大同大學），之後，她又轉到附近的中山小學。當時小學生都要剪短髮，學校因為她就要畢業了，通融她不用剪，全校只有她留著長辮子，小美人更顯得特別。

剛回台灣上學時，她連起立、敬禮都聽不懂，更看不懂課本。「每次考試，我都看不懂，不會寫。老師發考卷，輪到我的時候，先喊我的名字：『章家珍』；我起立，老師說：『妳又考鴨蛋』，我點頭說：『謝謝』再坐下。學期末，老師說：『章家珍很乖，操行本來是甲，可是考試都是鴨蛋，操行只能給妳乙』。我還是起立對老師說：『謝謝』，再乖乖的坐下，呵呵呵……」

甄珍小學六年級獲得省運兩百公尺接力賽亞軍，同學皆短髮，只有她留了長辮子。

左：甄珍上台表演《梁山伯與祝英台》裡的祝英台。

右：初中時的甄珍，出落得亭亭玉立。

老是考鴨蛋，會不會很傷心？她哈哈大笑：「不會，照樣上課、吃飯、睡覺！」不過，在鴨蛋歲月，她也開始積極學中文，還請了家教，中文日益增強；拍戲時，國語已字正腔圓，音色柔美。

在中山國小，甄珍的課外成績很好，而且體育十項全能，擅長游泳、乒乓球、籃球、溜冰、田徑。六年級時，她獲得省運兩百公尺接力賽亞軍。小學畢業後，考上金陵女中，獲得全校英文演講比賽冠軍，也上台表演舞蹈，還演過《梁山伯與祝英台》的女紅妝「祝英台」。一位比她高一屆的校友說：「她一進學校，大家就注意到她，好漂亮可愛，是個清麗美少女，大家都喜歡她。」初中畢業，甄珍念文化學院五專部舞蹈科。坐公路局客車上下學，經常被學生圍在車門口要照片。她是舞蹈科的第一屆，學校還沒有教室，其他器材也未就緒，過了一陣子，她因拍戲忙就輟學了。

會不會覺得上學的時間太短了？她笑說：「才不會，太好了，終於不用上學了！」胡錦七十高齡考上政治大學EMBA文創組，想不想也重返學校？她想都不想的說：「嘿嘿，給我一億，我也不受那個罪，不過我非常佩服胡錦的好學。我爸爸媽媽都是高學歷，媽媽在日本還念了早稻田大學，他們不強迫子女念書，順其自然，所以我在求學階段是很快樂的。」

甄珍二十四歲時到日本拍了三部電影，「我那時候還會說日文，現在全部還給爸爸媽媽和

從日本回台後，甄珍拜名師學習芭蕾舞。

甄珍從小客氣、有禮貌，被
稱為「禮貌大學」畢業。

老師了。」她對人客氣溫和，除了父母的身教，也因幼年受日本教育，「那段時間對我影響很大，像是要有禮貌、守規矩、講信用、愛乾淨、懂謙讓，都是從小養成的。」

甄珍的家庭和日本淵源很深，祖父和父親都在日本念書工作，大舅在大陸娶了日本太太，日本戰敗後，跟太太回日本。甄珍說：「大舅舅會做麵食，在東京賣鍋貼，店一家一家的開，白手起家，一有錢就買地，後來在台灣登報找媽媽和小舅舅，真的找到了，就寄錢來台灣。」

小舅是空軍，用大舅的錢買了輛哈雷機車，那時候台灣很少哈雷。甄珍說起這段很開心：「每天小舅舅神氣的嘟嘟嘟，載我去兜風，很好玩。有一天經過一個巷口，看到一位皮膚白皙的漂亮女孩，是位上海姑娘，小舅叫我下車自己回家，那女孩後來成了我的小舅媽。」小舅空軍退役後也到日本開餐廳，也成了大地主，都是赤手空拳換來的。

甄珍的大舅目前住在日本頂級老人院，小舅二〇一八年過世，美麗賢慧的小舅媽為了兒子，在台灣、日本兩邊住，和甄珍非常親密。甄珍語氣低沉下來：「一轉眼，長輩都老了走了，我也七十二了。常常想起我們家住的日本平房，不知道現在變成什麼樣子？還有那位叫我小白兔的漂亮房東太太，後來怎麼樣了？很難忘那段天真快樂的童年。」

看著她誠摯的說：「小時候，我很乖，大人說什麼，我就做什麼，所以他們都很喜歡我。」相隔六十多年，小白兔的可愛模樣依稀在眼前，深深讓人喜歡。

甄珍初中時，清純姣好的容貌，像白雪公主一般可愛善良。

芳華十六

甄選出的珍珠

甄珍十一歲從日本回到台灣，上下學搭乘公共汽車，發現車掌小姐很威風，「她們戴個帽子，吹著哨子，嗶嗶嗶，管人上車下車，有時候還會罵人，很神氣，所以我的願望是長大要當車掌小姐。」後來母親住院，她看到護士小姐溫柔善良，又希望成為救助病人的白衣天使。

十六歲那年，一位同學改變了她的一生。

一九六三年，香港邵氏電影《梁山伯與祝英台》的導演李翰祥，因與邵氏鬧翻，得到大馬國泰機構與台灣聯邦公司的支持，來台組織國聯影業公司。他希望挖走風靡台灣的「梁山伯」凌波，結果不成，只帶來剛從南國實驗劇團結業的江青、汪玲，再簽下台灣空軍大鵬劇隊的鈕方雨、福州戲坤角李登惠，接著公開招考演員。

李翰祥在邵氏拍的《貂蟬》、《江山美人》、《楊貴妃》、《梁祝》，在台灣賣座鼎盛。他甄選新人便成為大新聞，有三千七百多人報名。甄珍的泰北中學同學陳淑貞，覺得甄珍長得漂亮，拿了畢業交換的學生照，偷偷幫她報名；又怕她考不上，體貼的替她改名為張珍珍。殊不知報名前一年，甄珍父親的朋友已帶她在晨光攝影研究班當義務模特兒，當時她已蛾眉皓齒、亭亭玉立。

甄珍說：「我不知道同學幫我報名，有一天，上學前，在信箱裡看到張珍珍的信，我想是別人的，就丟回信箱裡。放學後，媽媽問我怎麼去考國聯？我才知道怎麼回事。那封信是我通

甄珍泰北中學的畢業照充滿靈秀之氣，被國聯公司一眼看中，敲開銀色世界。

甄珍最早的志願是當車掌小姐。

過第一關，國聯要我去面試，我沒想當明星，媽媽也不想我去演戲，只是既然通知了，去看看江青、汪玲也好。」

面試那天，評審江青、汪玲、朱牧、國聯經理郭清江坐成一長排，甄珍說：「面試是看看我們的儀態。之前我看過江青的電影，汪玲還沒演過戲，我第一次看到她，驚訝她的眼睛好大，好漂亮喔！沒想到後來成為好朋友。」

那天回家，母女倆沒放在心上。兩個月後，國聯打電話通知甄珍又過了第二關，要她再參加試鏡，她說：「徵選最後過程是試鏡，有十一個人參加，我被安排在第一個，國聯正在拍汪玲主演的古裝片《辛十四娘》，所以我們扮成古裝，發給我們一張《辛十四娘》的台詞，都是文謅謅的，我才看了幾行，看不懂，也背不起來，他們就叫我進去了。」

進片場後，她看到一位中年男士穿著黑衣，坐在角落的椅子上，「他戴著帽子和墨鏡，手遮著半張臉，我也不知道誰是誰，他們就叫我演。我想不起台詞，腦子裡浮出《梁祝》裡面樂蒂的神態和姿勢，我就從這邊慢慢的走到那邊，照照鏡子，想一想，又從那邊回到這邊，全程沒有說一個字，忽然，那位黑衣男士站起來就走出去。我後來才知道他就是李翰祥，大家稱他『李黑子』，長得黑，老穿一身黑配紅的衣服。」

又過兩個月，國聯職員張介忠到家裡，表示李翰祥那天只看了甄珍就走了，她是唯一錄取

國聯時期的好朋友們，前排從左至右為：鈕方雨、甄珍、郭清江、江青，後排左為汪玲、右為朱牧。

初進國聯，第一次拍沙龍照，簽名送給同學，但沒有寄出去。

的。那時候高興嗎？她笑說：「當然高興啊，因為突然要當明星了！」再見李翰祥，他幫她取了藝名「甄珍」，她中文不好，不知道甄該唸「西珍」、「土珍」還是「瓦珍」，李翰祥告訴她要念「真」，是甄選而來、萬裡挑一的珍寶之意。她才認識這個影響她一生的名字。

一九六四年三月二十八日，國聯召開記者會。郭清江說，徵選過程，照片篩選出一百二十人，面試八十人，試鏡十一人，最後發掘出甄珍。他說：「十六歲的甄珍不脫稚氣、一塵不染，亭亭玉立解鬟時，正是荳蔻年華。」

李翰祥說，甄珍有一雙大而亮、會說話的眼睛。具有美好的 Camera Face。「明星可遇不可求，她是大將之才，未來是明星，不是普通的演員。」十六歲的甄珍，天真稚氣的對記者說：「這是我第二次擦口紅，第一次是面試時。我現在還不會穿高跟鞋。」記者發現她的額頭和鼻子，和好萊塢巨星伊麗莎白．泰勒相似，她又似小大人的說：「我很敬佩泰勒的演技。」

記者對甄珍的個性和外型極盡讚美，有的說她是「國聯的一枝獨秀、天真無邪、天賦資質、出類拔萃」。有的形容她「慧冠群芳、貌美如花、美目彷彿清澈照人的西湖秋水、櫻唇微起露出潔白細列的貝齒，未語先笑，梨渦隱約，可謂芙蓉如面柳如眉，是一塵不染的白雪公主」。

甄珍說：「國聯和我簽約七年。因為我年紀小，不能演大人，也不能演小孩，所以先幫國聯的刊物《國聯電影》拍照宣傳，也和國聯四鳳參加各種活動。」按合約，到期時甄珍已二十四歲，可見李翰祥何等器重。甄珍年紀最小，被稱為「雛鳳」，後來成為台灣第一玉女偶像，證明李翰祥慧眼識英雄。

同年六月，華人電影界發生一件極度震撼的大事。新加坡和香港著名電影製片人陸運濤，也是國泰機構、永華電影和國際電影懋業有限公司的創辦人。他與妻子到台灣投資李翰祥，先參加第十一屆亞洲影展，並受蔣介石總統和夫人宋美齡接見。二十日，夫妻倆與部分與會代表搭乘民航機，預計當天來回台中、台北，到台中縣霧峰鄉參觀霧峰故宮國寶，不幸途中飛機失事身亡。多年後政府公開是遭劫機，在台中縣神岡鄉三村里稻田內墜地炸毀，五十七名乘客全部罹難，全是當時電影界重要人士，影響日後的華人電影極鉅。

電影界訂二十日在台北圓山飯店替陸運濤慶祝五十歲生日。甄珍說：「國聯五鳳本來也要去台中，但是飛機客滿了，我們就留在台北。因為要在慶生會上表演，先穿好小鳳仙的服裝在公司等，後來知道墜機了，好可怕，好可憐啊。也慶幸自己沒搭上那架飛機！」那天，李翰祥有事沒上飛機，邵氏公司老闆邵逸夫，傳與陸運濤有心結，被安排其他行程，也倖免於難。

李翰祥在缺乏金援下開拍電影。汪玲主演《菟絲花》時，有人建議甄珍擔任第二女主角，李翰祥堅決反對，認為她是棟梁之材，不能被一個女配角給糟蹋了，許多影迷也抗議她演女配角。年底，她還沒拍片，卻榮膺台北市各大新聞社記者聯合票選為「年度最有希望女演員」。

當了一年多的照片明星，甄珍有些悵然，一九六五年六月，終於拍了第一部電影《天之驕女》，古裝歌唱片，執行導演宋存壽認為黃梅調已經唱爛了，改用台灣調，邀請剛從德國學成的史惟亮作曲，但是調子太硬，不易上口，拍完又到香港重新作曲。甄珍第一次演戲，神態和身段皆到位，報紙標題重複出現「甄珍天之驕女」，顯為重視。

《天之驕女》開拍那天，甄珍不要媽媽陪，怕自己更緊張。在熱得像蒸籠的片場，穿著密不透風的古裝，一熱一冷，加上勞累，得了重感冒。她說：「戲裡有座九曲橋，我要邊走邊唱，攝影機在哪裡，我都不知道，唏哩呼嚕的就演完了。」印象深刻的是，宋存壽對她很好，從來不罵她，「他還每天買木瓜牛奶、臭豆腐給我吃。」

拍到一半時，國聯大戲《幾度夕陽紅》開拍，瓊瑤小說改編，楊甦導演，是國聯五鳳唯一同片的電影。甄珍演叛逆驕縱的富家千金何霜霜，她揣摩好萊塢紅星仙杜拉．蒂（Sandra Dee）在《春風秋雨》（Imitation of Life）裡的神態。她十五歲就會開車，戲裡開車的戲，親自上陣。在夜總會跳阿哥哥，她簡單的抖動肩膀，舞步輕盈性感。她說：「第一場戲半夜拍，我先在旁邊睡覺，被叫起來，迷迷糊糊就演了，戲裡我喝醉了，一手拎著高跟鞋，金石演我表哥，在樓梯上，我咬他一口，然後哭著大喊一聲『媽』就衝上樓，沒想到這麼一點戲，被大家說演得好！」

由於《幾度夕陽紅》比《天之驕女》先上映，「小太妹」何霜霜是甄珍首度登上大銀幕之作。

接著她拍郭南宏導演的《明月幾時圓》，是她第一次演愛情片，溫柔秀麗，與資深演員劉維斌演情侶，她小小年紀已能掌握情愛的悲喜。隨後在林福地導演的《遠山含笑》演大學生，帶個圓帽，短袖長褲，身材穠纖合度，因男友說話刻薄，惹她生氣罵人，甚至出手打人，演來自然靈活。隔年，江青和劉家昌因懷孕結婚，原定江青主演的《鳳陽花鼓》由甄珍接替，飾演花鼓女，扮相俏麗，劇情悲喜摻雜。

在《陌生人》裡，楊群演她的父親，有一場哭戲，她怎麼都哭不出來，導演楊甦氣得說：「將來妳要是成為大明星，我就把我的眼珠子挖出來，在地上踩個蹦響！」腳還重重的踩在地上。她笑說：「把人家氣成這個樣子！後來我演了很多楊導演的戲，他眼珠子都好好的，呵呵呵……」

甄珍月薪一千四百元台幣，和當時台灣人的收入相比不算少，可是江青、汪玲每月四千五百元港幣，比甄珍多得多。她拍完《陌生人》後，薪水調整為一萬七千元台幣。此時，汪玲已回香港演戲，國聯爆發財務危機。甄珍拍宋存壽導演的《女記者》時，因財務困難沒拍完。

李翰祥和演員陸續解約，唯獨留著甄珍。「我給李導演解約的律師函，他直接丟到抽屜裡，看都不看。中影公司要和我簽約，李導演知道了，揚言要到總統府前下跪抗議，因為政府鼓勵專業人才回台，中影又是國民黨的，不能搶他的演員啊。我就這樣等了八個月。」

國聯時期的甄珍常參加各種活動，圖為勞軍。

國聯五鳳在《幾度夕陽紅》中一同演出，左起李登惠、甄珍、汪玲、江青、鈕方雨。

國聯公司一進門，牆上掛了國聯五鳳的照片。左起甄珍、李登惠、鈕方雨、汪玲、江青。

甄珍說，她不愛念書，所以去演戲，父母尊重她的選擇。

甄珍每個角度都美麗，是攝影師的最愛。

一九六七年十月，國聯結束，甄珍和中影簽約，片酬漲到六萬元台幣，她說：「李導演是很好的藝術家，但不是生意人，最後真的沒辦法，只好把我放了。」她立刻拍中影的《新娘與我》，是白景瑞導演的新喜劇，在台港、新馬非常賣座，讓二十一歲的甄珍成為華語電影紅星。

一九六九年，李翰祥向中影外借甄珍，拍了《四季花開》，之後再合作《騙術大觀》系列、《緹縈》、《只羨鴛鴦不羨仙》。「《四季花開》是我第一次主演李導演的戲，是河北落子改編的蹦蹦古裝戲，學美術的他親自幫我編辮子，他的手很巧，編得很漂亮。這齣戲有很多身段戲，他教我幾次，我就自己來，有的是自己編的，我和岳陽在花園裡有一場逗唱戲，演來得心應手，很開心。」她很喜愛這部挑戰性高的電影。

《四季花開》拍完後沒有上映，因為台灣官方發現它抄襲大陸作品而禁演。經李翰祥修改後，一九七四年才上映，改名《富貴花開》，但是時不我與，很快下片。

一九七一年的《緹縈》，是高陽小說改編的歷史古裝片，中國電影製片廠出品。演員皆是一時之選，有王引、謝賢、潘潔瀚、孫越、文逸民、曹健、歐威、崔福生、古軍、葛小寶、丁強、劉明等。甄珍的四個姊姊由江青、歸亞蕾、胡錦、潘迎紫客串演出。劇情最高潮是謝賢飾演的朱文犯蹕，御林軍人馬雜沓，緹縈在街角的鴿籠後睜大眼睛、淚水盈眶，隨後放聲喊冤，向皇帝車駕飛奔而去，為證明並非行刺而自願受綁，跪出兩條血路。

李翰祥導演的大片《緹縈》，獲第九屆金馬獎最佳劇情片等六大獎，演員陣容浩大。

（財團法人國家電影中心提供）

一九七一年，甄珍主演《緹縈》。
右下圖左起：寇恆祿、謝賢、甄珍。
（此三張圖均為財團法人國家電影中心提供）

《緹縈》獲得金馬獎最佳男主角（王引）、編劇（李翰祥）、劇情片、攝影（萍金玉）、美術設計（梁延興）與音樂六大獎。甄珍也榮膺第十七屆亞洲影展最佳女主角，成為華人影壇少數兼具票房與演技的女星。

李翰祥的「騙術」系列，甄珍掛名主演，她說：「是李導演把之前拍的影片，剪接串連起來，還是很賣座，非常佩服他的才華，可以拍各種類型的電影。」

甄珍多數主演愛情文藝片，愛得死去活來，賺了影迷無數眼淚。她拍《緹縈》後，才和謝賢談戀愛，是她的初戀。之前沒戀愛過怎麼演感情戲？她說：「我很少看電影，因為沒有想過當演員，也沒有研究人家怎麼演，大多是自己想像發揮。很多影迷喜歡我的純情戲，其實那是真實的我。我相信要演單純的角色，演員本身就要單純，不然演不出來那個感覺。」

甄珍的美麗和優雅的氣質，以及不需琢磨的演技，讓她在影壇得天獨厚。這位天生演員，從一九六四年的《天之驕女》到一九七八年的《黃埔軍魂》，稱霸影壇十四年。

甄珍以《緹縈》榮獲第十七屆亞洲影展最佳女主角，成為華人影壇少數兼具票房與演技的女星。

喜逢貴人
躍為華語巨星

二〇一三年，甄珍六十六歲，獲得第五十屆金馬獎終身成就獎，她在台上感謝所有合作過的夥伴：「沒有他們，就沒有後來的我，可惜有些人已經過世，我來不及再說一次感謝。」

李翰祥（注1）導演對甄珍有知遇之恩，在國聯公司招考新人時，他獨具慧眼，「李導演一眼看定我，是我的驕傲和福氣，沒有李導演，就沒有後來的甄珍。」

甄珍稱讚李翰祥：「他是非常有才華的人，令人傾慕依賴。他話不多，突然蹦出一句話，非常幽默，我很崇拜他。」李翰祥有六個孩子，都取M字母開頭的英文名字，例如Mary、Michael，太太張翠英是孩子的媽，Mother也是M開頭，李翰祥自己呢？他的大女兒李燕萍說，他給自己取了個M開頭的「馬那個巴子」，笑得甄珍喘不過氣來。

甄珍說：「李導演幫我設計很好的角色，像是《幾度夕陽紅》裡的小太妹，很刁蠻，適合那時候的我，我才拍了那些小淘氣電影。大家都說他很凶，很會罵人，但他從來沒有罵過我。」

李翰祥財務告急的時候，台灣電影製片廠長楊樵、好友謝家孝熱心奔走，促成他和李行、白景瑞、胡金銓四大導演合作，拍攝集錦式四段故事的《喜怒哀樂》，導演和演職人員都不收酬勞，只為幫助他擺脫窘境。

甄珍主演的《喜》，也是義務演出。之後她到香港宣傳新片，順道留了兩天，免費拍李翰祥的《騙術奇譚》，她說：「飲水思源，感謝他的培育之恩。」

李翰祥後來邀甄珍主演《傾國傾城》的珍妃、《金玉良緣紅樓夢》的林黛玉。其中，《金玉良緣紅樓夢》正值她和劉家昌交往，劉家昌曾因前妻江青打過李翰祥，媒體報導得沸沸揚揚，甄珍再演他的戲有些尷尬，所以婉拒了，「自此我再也沒有演過李導演的電影，非常遺憾沒演《金玉良緣紅樓夢》。」

一九八三年，李翰祥回大陸拍攝清宮三部曲《火燒圓明園》、《垂簾聽政》、《火龍》等。一九九六年他在北京拍攝央視電視劇《火燒阿房宮》，十二月十七日在討論殺青戲時心臟病發作，送醫後離世，享壽七十。甄珍說：「我們很久沒有聯繫，在美國得知他過世，非常難過。」

一九六八年，甄珍拍了白景瑞（注2）執導的《新娘與我》，劇情藉各種戀愛穿插默片喜劇的快動作，一改台灣電影傳統的敘事手法，還採用分割畫面等技巧。此片讓甄珍紅到香港、新馬，白景瑞也獲得第七屆金馬獎最佳劇情片獎及最佳導演。

甄珍還主演白景瑞的《今天不回家》、《白屋之戀》、《喜怒哀樂》、《一簾幽夢》、《晴時多雲偶陣雨》。「拍《新娘與我》時，因白導演是留學義大利的，我不大適應他要求的誇張演法，和我以前的表現方式差很多，我向他反應過，但他堅持，我就照著做。」

白景瑞讓甄珍的演出有了新的發揮，兩人也成了好朋友。「他脾氣好，我常欺負他，他頭禿了，只剩下幾根頭髮，他把這幾根從這邊梳到那邊，遮他的禿頭，可是出外景，風一吹，頭髮從那邊掉到這邊，變得這麼長，我就說『等一下、等一下』，幫他把那幾根頭髮移到對面去，他就任著我搞，呵呵呵……」

「拍戲時，下午四點多，因為他愛跳舞，我故意提醒他時間，『跳茶舞、跳茶舞了！』《一簾幽夢》到韓國出外景，收工後，大家都去吃飯，我看他一個人，故意說：『大家都跑了，只剩下你一個人坐冷板凳，你好可憐喔。』他瞪著我，瞄我、不理我。哎呀，簡直拿我沒辦法。」

甄珍模仿力強，常學白景瑞皺著眉、瞪著眼，因為暴牙，總是嘟著嘴。「我一看到他，就做出這個樣子，然後再裝著沒事的走開，過一會兒，又對著他做出那個樣子，他好氣又好笑。哈哈哈……我現在覺得真不應該那麼調皮，欺負好人嘛，太傷人家自尊了，可是他從來不罵我，不跟我計較，有時還很開心。其實啊，他有很多女朋友，才子嘛。」

李翰祥過世的隔年，一九九七年十二月十一日，白景瑞在第三十四屆金馬獎頒獎前夕，在飯店因心肌梗塞過世，享年六十六歲。

甄珍說：「我聽到消息時不敢相信，他還那麼年輕。兩位大師接連離開，華語影壇的損失太大了，我也失去兩位恩人，非常捨不得。」

甄珍還有一對尊貴得不得了的貴人：香港電視廣播有限公司的榮譽主席邵逸夫伉儷（注3），兩人待她如親，她說：「我二十歲拍《新娘與我》後，邵先生和方姊邀我與邵氏公司簽約，我

《四季花開》是甄珍第一次主演李翰祥的戲。右為曾主演李翰祥電影《楊貴妃》的李麗華。

（李殿馨女士提供）

甄珍在《喜怒哀樂》中打頭陣，《喜》中扮演美麗的女鬼，岳陽是好色的書生。
（李殿馨女士提供）

《今天不回家》主題曲由姚蘇蓉主唱，唱片封面是甄珍的照片。（李行導演提供）

主演白景瑞導演的《新娘與我》，甄珍展現時裝片的時尚形象。

媽媽擔心我年紀太小，香港又遠，沒有答應。但是兩位仍然對我很好。我移居美國時還來看我，我們一起度假，玩得很開心。我雖然沒有拍過他們的電影，但友誼長達五十多年，非常珍貴。」

甄珍說：「方姊比我大十四歲，我們像是親姊妹。我投資房地產，需要資金周轉，她都幫忙，我把抵押品放在她律師那裡，她看都不看，也不要我任何利息。等我一還款，她就派人把抵押品還給我。我很感謝她的友誼和信任。」

邵逸夫二〇一四年過世，享壽一〇七歲。甄珍二〇一七年九月二十六日照例參加「邵逸夫獎」，當時八十二歲的方逸華已住在醫院，約甄珍在頒獎會場外見面。甄珍說：「那時我們有段時間沒見面，我很想念她。她身邊有好幾位家人和醫護人員，我不敢問她生什麼病，她還是很親切的跟我說話，我說，妳要趕快好起來喔，加油，等妳好了，我們一起吃飯，她說好。可是，那一刻我感到好像是最後一次見面了，很不安。」

十一月二十二日，方逸華病逝，就在甄珍和她見面的兩個月後，甄珍心痛的說：「我腦海經常浮現我們相處的情景，她對我太好了，處處替我著想，我非常想念她，到哪裡找得到這麼相信我的人呢？」去年她仍獲「邵逸夫獎」邀請，她感到很榮幸，「這是邵先生偉大的貢獻。」

甄珍還有一位念茲在茲的貴人，是她從未謀面的《英文中國郵報》社長余夢燕。一九七一年，她以《緹縈》入圍亞洲影展最佳女主角，另一部香港電影也極力爭取，並且私下運作得獎，所

國語影壇四大導演中，甄珍和李行（左起）、李翰祥、白景瑞合作多片，令人羨慕，遺憾沒機會演出胡金銓的作品。

邵逸夫伉儷的厚愛與友情，讓甄珍終身感念，他們對劉子千也視同親人。

幸評審委員余夢燕大力主持公正，甄珍才贏得亞洲影后。

余夢燕先後畢業於燕京大學新聞系、美國哥倫比亞大學新聞系。抗日戰爭時在重慶《時事新聞報》擔任記者，來台後與丈夫黃遹霈創辦台灣首家英文報紙《英文中國郵報》，她擔任社長與發行人。

甄珍說：「我知道主持公道的是一位新聞界的余姓女社長，但不清楚姓名。後來查到她是誰，才知道她已於一九九二年逝世，非常遺憾沒有當面致謝。」

甄珍常說自己是幸運兒，很多人對她好。「可是，以前拍戲忙，身上也沒錢，不懂得如何對人表示感謝。不拍戲後才開始與朋友聚會，幾位貴人都已離去，想請他們吃頓飯都沒有機會。像白導演這麼好的朋友，我沒送過他一樣禮物，也沒請他吃過飯，我還那麼淘氣、不懂事，真是虧欠他。這提醒我要惜情，必要的事立刻去做，不然後悔莫及。」

注1 李翰祥：一九二六年出生於遼寧錦西，在國立北平藝術專科學校學油畫，又在上海戲劇專科學校學戲劇電影。二十二歲到香港，做過美工和小演員，二十八歲進邵氏，執導《江山美人》、《梁山伯與祝英台》等大片，票房和口碑皆好。

注2 白景瑞：遼寧人，一九四九年來台，考上台灣省立師範學院（現國立台灣師範大學）外文系，後轉至藝術系（今美術系）。大學時與同為話劇社的李行結成好友。他受義大利新寫實主義電影影響，赴義學電影。一九六一年進入羅馬皇家藝術學院學習繪畫及舞台設計，並在義大利電影實驗中心學電影，是早年台灣擁有國外電影學位的導演。

注3 邵逸夫：一九〇七年出生於浙江省寧波市，是香港電影及電視大亨，也是慈善家，一九七七年獲英國女王伊莉莎白二世冊封為下級勳位爵士。二〇〇二年創立邵逸夫獎，表彰在科學學術研究上取得「對人類生活產生深遠影響」成果的科學家，是全球性的科學獎項，被稱為「東方諾貝爾獎」，甄珍每年獲邀與會。方逸華一九三四年出生於上海，二十八歲認識邵逸夫，此後五十餘年，幫助邵逸夫打理龐大事業。

李行再造第一代瓊女郎

甄珍在國聯公司拍了六部戲。一九六七年，她主演大眾電影公司的《今天不回家》，票房極好。大眾的老闆之一李行（注1），日後成了她的恩師，兩人一連串的合作，奠定了甄珍在愛情文藝片的第一女主角寶座，將她的演藝生涯推向最高峰。

一九六八年，李行與好友們合組大眾電影公司，白景瑞是股東之一，他已和甄珍合作過《新娘與我》，大眾再邀她演出《今天不回家》。李行帶著《今天不回家》的演員到香港宣傳，他說：「那一趟我看到甄珍在香港轟動的程度。姚蘇蓉唱的主題曲〈今天不回家〉也大紅大紫，街頭巷尾都是她高亢激情的歌聲，從此我的電影都要有主題曲。」當時，新聞局認為〈今天不回家〉有妨害家庭溫馨之虞而禁唱，所以更名為〈今天要回家〉，隔年，海山唱片出版唱片。

接著李行邀甄珍拍歌舞片《群星會》，這是兩人第一次合作，讓李行肯定了她的天分和魅力。一九七〇年，甄珍再拍他的《母與女》，李行說：「李湘只比甄珍大五歲，但演母親，甄珍演個小太妹，調皮搗蛋，非常可愛。」

《今天不回家》幫大眾公司打好基礎，李行決定拍他最期待的電影，呈現他對人生的看法。一九七一年開拍《秋決》，張永祥編劇，因為劇本改了很多次，張永祥受不了，一再說：「以後不再跟李行寫劇本了！」《秋決》獲得一九七二年金馬獎最佳劇情片、導演、男主角、女配角、彩色攝影五大獎，是李行最引以為傲的作品。

李行導演《群星會》，與甄珍首次合作，這張照片可看出甄珍和母親容貌相似。

拍完《秋決》，張永祥忘了之前的怨言，問李行再拍什麼？他回：「什麼都能拍，怕什麼？就拍一群牛、一群羊。」大隊人馬真的拉到墾丁拍了台灣第一部西部片《風從哪裡來》。李行笑說：「這部片拍得荒唐，票房奇差，只紅了一個萬沙浪，以及主題曲〈風從哪裡來〉。」

李行曾執導瓊瑤小說改編的電影《婉君表妹》、《啞女情深》。之後很多電影公司搶拍瓊瑤電影，因拍得太多，讓瓊瑤從票房保證變成票房毒藥。李行說：「這個時候，我想拍愛情文藝片，瓊瑤建議我拍《彩雲飛》，我太太說小說很好看，也贊成我拍。我找來之前和甄珍合作《白屋之戀》的鄧光榮，結果票房橫掃港台和東南亞。」這對俊男美女成為國語文藝片的首席銀色情侶，甄珍也成為瓊瑤電影的代言人。

《彩雲飛》大量使用配樂，由尤雅、鄧麗君、萬沙浪演唱，鄧麗君唱的〈千言萬語〉、〈我怎能離開你〉，比尤雅唱的主題曲〈彩雲飛〉還紅，傳唱至今。李行說：「甄珍演孿生姊妹，演『涵妮』時，在鋼琴前自彈自唱尤雅代唱的主題曲；演『小眉』時，在西門町歌廳唱鄧麗君的〈我怎能離開你〉，歌聲幽幽而出。歌不是她唱的，可是她對嘴一流，比歌星對得還好，就像她自己唱的。」

甄珍說，拍唱歌的戲，事先沒時間學唱，拍攝當下，導演放一段帶子，演員當場背歌詞，然後錄一段，「拍《天之驕女》和《四季花開》，大量的唱歌也是這樣拍，記憶力要強，用心就

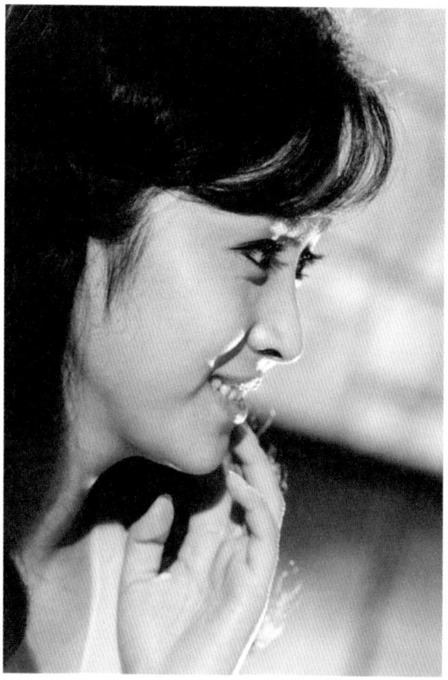

甄珍在《彩雲飛》中飾演孿生姊妹，她很喜歡長髮涵妮的造型。

（財團法人國家電影中心提供）

好。」最難忘的是《星星星》，她演個夢想當歌星的女孩，天生破鑼嗓子，她唱著近乎鬼哭狼嚎的〈風從哪裡來〉，嚇得台下觀眾全跑了。「台上的歌是我唱的，配音時，我要看著拍攝的表情唱，要配得準，還要唱得爛。」

改編《彩雲飛》時，張永祥說：「我下不了手啊！小說裡女主角說：『好美好美的天！好美好美的雲！好美好美的海！好美好美的沙！』然後男主角捧起女主角的臉說：『好美好美的妳！』這些都不是人話啊！」李行告訴他：「你千萬不要改瓊瑤的台詞，觀眾就是要看這個。」果然，天真美麗的甄珍說這些痴話時，觀眾全部買單，感動得不得了。

甄珍笑說：「拍片時，我也問李導演這些夢幻的台詞怎麼演？他說就照著說。後來我看電影，好像還可以啊，觀眾看我在藍天白雲的沙灘上好美好美，其實工作人員好苦好苦啊。在白沙灣拍戲，天氣炎熱，要走到很遠的地方上廁所，我只好憋著，實在憋不住了，走到大家看不到的地方，躲起來，撐把傘解決了！」

接著，李行再拍瓊瑤的《心有千千結》，由秦祥林搭配甄珍，新組合大受歡迎。《彩雲飛》和《心有千千結》的成功，讓瓊瑤電影翻紅起來，把電影全交給李行。一九七四年，他拍《海鷗飛處》，找了甄珍、鄧光榮、謝賢、秦漢四位大牌。秦漢因之前沒有演《心有千千結》，怕李行不高興，這次願意演配角，和李行結下日後的緣分。

李行說：「《海鷗飛處》在港台、東南亞賣座，我們去新加坡宣傳，到處擠滿了甄珍的影迷，我們坐在車子裡不敢下車，影迷圍著不走，車子都被他們推得搖起來。」《海鷗飛處》獲得一九七四年十大國片賣座冠軍。

李行讓瓊瑤小說兩度掀起改編熱潮。第一波是一九六五年的《婉君表妹》、《啞女情深》，在瓊瑤的故事基礎上，添加李行的「正向健康」元素：如投筆從戎、聾啞教育等。第二波是《彩雲飛》、《海鷗飛處》，直接移植瓊瑤小說，包括對白，在唯美的視覺風格中賦予李行的倫理觀。嚴謹的製作，使他成為瓊瑤優質電影的代表。

李行和甄珍合作六部電影，每一部都屬佳作。《海鷗飛處》是兩人最終之作。李行說，拍《心有千千結》時，香港《東方日報》老闆馬奕盛約他見面，表示香港導演王星磊拍的《潮州怒漢》，男主角是有功夫底子的譚道良，女主角林鳳嬌完全沒有發揮。「馬奕盛邀我加入他的馬氏電影公司，力捧林鳳嬌演文藝片。再找香港當時最有影響力的電影雜誌《銀色世界》配合。」

李行和甄珍暫停合作。他說，甄珍和秦祥林那時都紅了，他多用林鳳嬌和秦漢。甄珍每談及此，總笑說李行移情別戀，自己被拋棄了。其實，她嫁給謝賢後，李行也想邀她拍戲，只是機緣不再。

李行說：「甄珍有三個優點，天生麗質、個性好、聰明努力。」李行的御用攝影師賴成英說：

「第一次見到甄珍是在《群星會》，覺得她很漂亮，工作時發現她很好打燈光，讓攝影師很好拍，因為她長得很正，每個角度都很好看。」多數人有左右臉或上下臉好看不好看之分，攝影要花功夫找出最好看的角度，甄珍沒有這些問題。她在《群星會》裡唱唱跳跳，走來走去，讓攝影毫無顧慮，拍攝空間大，也可以多創新。賴成英以《群星會》獲得第八屆金馬獎最佳彩色攝影獎，他客氣的說：「女主角好拍，攝影好發揮，是我得獎的因素。」

賴成英後來擔任導演，拍過甄珍主演的《愛有明天》和《煙水寒》，他說：「甄珍拍戲前會深入研究角色，有自己的想法，很多演員只問導演怎麼演，其實導演需要演員主動，然後再提供更好的建議給演員。甄珍是可以和導演互動的好演員，讓導演輕鬆許多。」

甄珍十六歲開始拍電影，甜美可愛的臉龐有著少女的圓潤，拍《彩雲飛》時，二十五歲的她已展現成熟美。李行說：「她扮演長髮的『涵妮』，臉瘦瘦的，美得不得了。」甄珍也很喜歡「涵妮」的造型，難得讚美自己：「很清純、很夢幻、好像真的很美耶！呵呵呵……」

李行對甄珍的婚姻很了解，也很遺憾。「《今天不回家》到香港宣傳時，謝賢出來招呼大家。其實不關謝賢的事，他那時是香港一線明星，他是為了甄珍而來，後來兩人在香港拍《海鷗飛處》時偷偷結婚，真是姻緣天註定！」

他沉痛地說：「沒想到甄珍結婚後，劉家昌開始追甄珍，一天一束花，章老太（章媽媽）

李行和甄珍合作六部電影，每一部都屬佳作。《海鷗飛處》是兩人最終之作，獲得一九七四年十大國片賣座冠軍。

要我幫忙了解劉家昌的想法。我和他約在甄珍家樓下的咖啡廳，裡面牆上有一層黑玻璃，反射出劉家昌的正面。他看到我來了，立刻做出很痛苦的表情，我到現在還記得他扭曲的樣子。他說他愛甄珍，非娶甄珍不可。我看當時三個人和輿論的整個情況，只好告訴謝賢，這段婚姻算了！」話說至此，他不願再說，感慨萬千，連連嘆氣：「我不該管這件事，我一直很後悔。」

他倒是提了主演《養鴨之家》的女主角唐寶雲：「我拍《秋決》前，問她要不要演，她說好。後來她結婚，和先生戚維義在美國逍遙幸福，回來拍了《秋決》，婚姻後來不好，人也病了，我很後悔當年找她回來。所以我常告訴演員：紅的時候要想不紅的時候。甄珍這點調適得最好，不在乎，紅不紅都一樣，悠哉悠哉的過日子。」

甄珍說：「當時李導演是看我太痛苦了，受我媽媽之託，想幫我，不是幫劉家昌。後來他知道我和劉家昌婚姻不幸福，一直怪自己，唉，李導演千萬不要自責，只能怪我自己的選擇。」

李行律己甚嚴，也要求演員要專心，甄珍說：「他不准演員軋戲。拍他的戲要先把手上的戲完成，或是推掉其他戲。」她說了一個李行的笑話：「我們拍戲，常借外國人或是有錢人的漂亮房子。有一次拍戲空檔，曹健和幾位資深演員閒著沒事，叫我一起玩拱豬。李導演說上工了，我們還有牌，沒有立刻起身，李導演又叫了一次，氣得罵我們什麼『下三濫』啦，『丟人』啦！我們進去站定位了，他還在罵。拍完這場戲，曹健就給我們都換了姓，誰是下先生，誰是下太太，還有下小姐……這部戲，我們私下就這麼稱呼彼此，哈哈哈。」

李行想起這段，有點尷尬：「那時候，跟人家借房子，看到他們沒演戲時打牌，擔心屋主看了，批評演戲的像什麼樣子！不是丟電影人的臉嗎？」他強調自己只罵男生，不罵女生。

甄珍又透露：「李導演還有一招，演員表現不好，他就關燈，讓演員調整一下心情。可是很多演員怕在大家面前被關燈，沒面子，所以偷偷拜託他等一下別關燈啊！」對於這招，李行笑了：「我對甄珍可沒有關過燈。」

李行說，甄珍是早期華語片最大的一顆珍珠，帶動了文藝片的興起，留給影迷無限的回憶。甄珍感謝他過去的提攜、現在的關心：「我這麼老了，他還常問我在做什麼？他雖然得過癌症，但恢復得很好，記性更是清清楚楚。我們常聚會，有他在，就像家裡有長輩，大家都有依靠。」

注1　李行：本名李子達，祖籍江蘇，一九三〇年在上海出生，就讀蘇州國立社會教育學院藝術教育系戲劇組。來台後進入台灣省立師範學院教育系（今台灣師範大學），經常參加校內話劇社演出，並擔任導演。一九六三年，他拍攝《街頭巷尾》，描述當時在違建大雜院裡外省人和本省人的生活，是社會寫實片。中央電影公司總經理龔弘因此邀他拍健康寫實片，《養鴨人家》獲得第三屆金馬獎最佳劇情片、導演、男主角葛香亭、最佳彩色攝影賴成英四大獎。

淘氣小姐
另創新型戲路

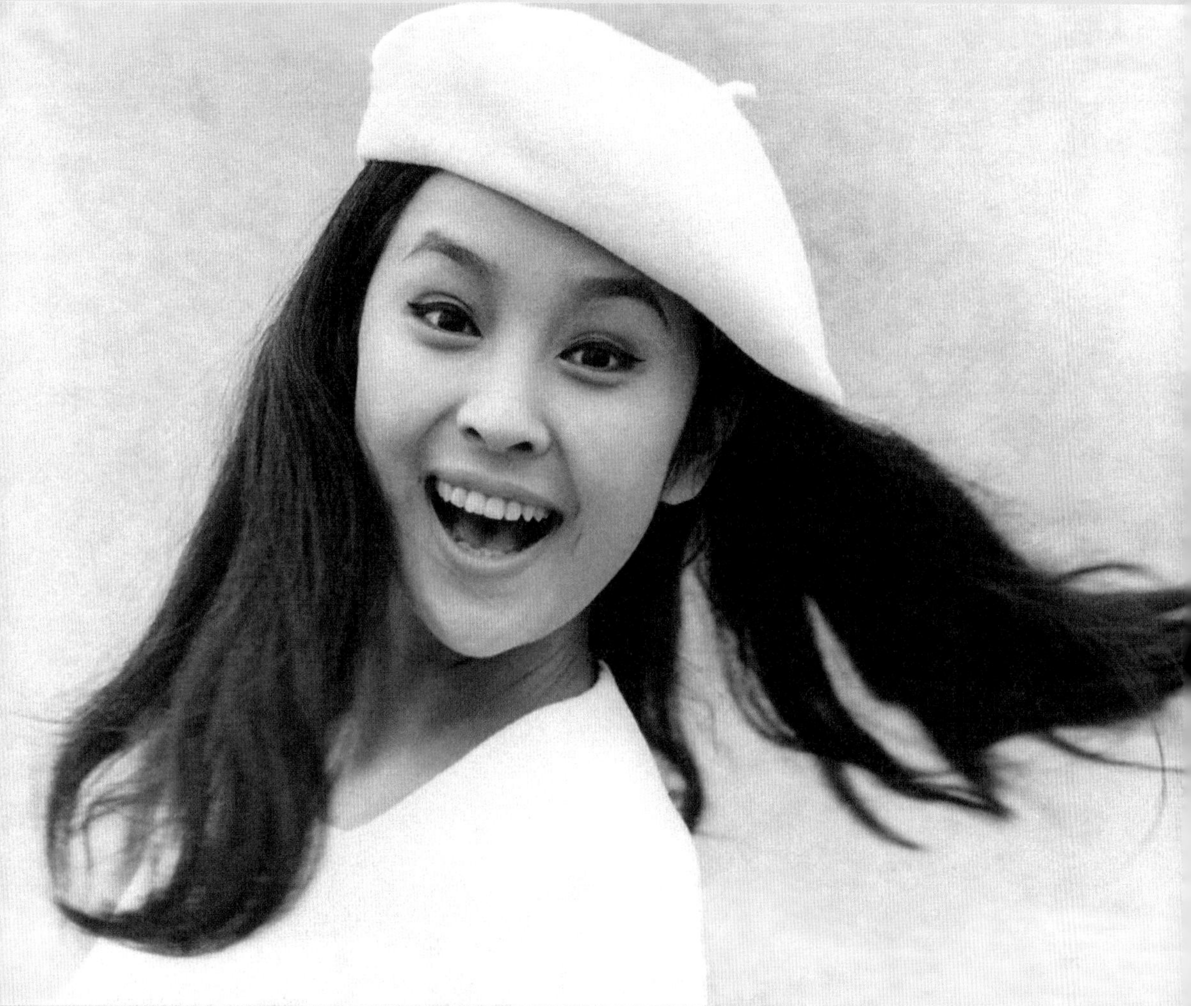

甄珍主演的《遠山含笑》、《新娘與我》，以及《今天不回家》，都是活潑刁蠻、任性頑皮的角色，讓她有了小淘氣、小搗蛋等綽號。很快的，片商為她精心打造「淘氣」系列電影，非常賣座。

甄珍家先在台中眷村，家家戶戶都養了雞鴨鵝。天還未亮，小鵝呱呱叫，兩歲的她就起床找鵝玩。「我聽媽媽說，我把鵝當馬騎，還想當飛機坐，把鄰居家的鵝坐死了，連大便都壓出來！我家的鵝，也被我坐得一命嗚呼。」她懵懂的跟媽媽說：「呱呱睡著了，妳看牠一動也不動。」鄰居很生氣，媽媽賠錢又道歉。那時候，她就很淘氣了。

十六歲進入國聯，她戲裡戲外大展頑皮本色。拍《天之驕女》時精力充沛，穿著古裝，抬頭和燈光版上的工作人員聊天，燈光版高兩層半，說話要很大聲，工作人員就帶她爬上去，躲在那兒聊天。拍戲時，導演宋存壽問女主角在哪？大家裡裡外外的找，才看到她高高在上。

不在高處，她就在片場外面。「攤販賣細的米粉湯，現在找不到那個味道了，管它是不是加了味精，哎呀，好吃得不得了！」她每天啪嗒啪嗒的跑進跑出、上天下地，熱得一身大汗。「我腳上的繡花鞋，每一雙都穿得大拇指戳破一個大洞，別人一齣戲換兩雙鞋，我換六雙鞋。哎呀，我那時候多皮呀！」媽媽不罵嗎？她像回到當年一樣，噘起嘴說：「我也沒有怎麼樣啊。」

最轟動的是，國聯導演朱牧請記者吃飯，有一人不肯喝酒，大夥起鬨，甄珍最膽大氣足，「我

甄珍主演的淘氣系列電影，觀眾非常喜愛，共有五部片，圖為《鬼馬小淘氣》。

坐在他的大腿上，捏著他的鼻子，把酒灌下去，大家都笑翻天！」從此她的淘氣之名大噪，她卻認為自己沒有那麼淘氣，但也承認在家乖些，在外皮點。「年輕時坐不住，有點過動兒。所以子千小時候也好動，不能怪他。」

說到這裡，她透露一個祕密：「我從來不喝酒，其實我酒量很好，《緹縈》殺青酒時，我喝了十瓶啤酒，完全沒事，而且我可以混著酒喝。只是我不喜歡，就算是紅酒，也是苦苦澀澀，有什麼好喝的？只有冰啤酒順口些。這個祕密瞞了五十多年，現在可以說出來，因為沒有人會灌我酒了。」

她陸續主演《淘氣姑娘》、《淘氣夫妻》、《淘氣公主》、《淘氣三千金》、《鬼馬小淘氣》，活潑頑皮的天性演活了淘氣鬼，讓她在苦情文藝片之外，也是喜劇聖手，她的觀眾緣獨一無二，觀眾看戲時，時時發出「甄珍好可愛」的讚歎。有一次，國聯五鳳上台表演彩帶舞，她的褲腰太大，手一抬，褲子就往下滑一點，最後滑得褲子要掉下來，她趁蹲下的時候，趕緊抓著褲頭，站起來，褲子又穿好了，全場觀眾鼓掌，喜感渾然天成。

甄珍常飾演資深演員的女兒，多次聽男前輩說「意淫」兩字，她不懂什麼意思。和男主角試燈光時，站久了無聊，她突然要男主角「不要動」，然後眨眨眼，男主角問：「怎麼了？」她深情的數一、二、三，再告訴男主角：「我剛才已經把你意淫了！」大男人被小姑娘意淫，

甄珍上台表演彩帶舞，因褲腰太大，褲子差點要掉下來，她趁蹲下時趕緊抓褲頭，站起來，褲子又穿好了，全場觀眾鼓掌。

哭笑不得。

和謝賢結婚後，沈殿霞等好友常到她家打牌，每個人都吸菸，她說：「他們天天熏我，我就拿一根擺著，這樣燒燒燒，偶爾吸一口，慢慢就會吸菸了。這次整到自己了！」

她人小鬼大，但也迷糊。她說：「我從小就容易掉東西。搭計程車時，皮包放在腿上，覺得礙事，移到旁邊，下車就忘了皮包。到委託行買衣料，付完錢，回家發現又有東西掉在店裡，這回不是皮包，是剛買的衣料。」

有一年，巴西足球明星比利到香港，她代表迎接，比利特別送了一個簽有她英文名字 chen chen 的足球給她，後面球迷對她喊：「可不可以把球送給我？」她爽快的說：「沒問題，送給你。」就把球丟給那個人，不僅現場人驚訝，朋友也怪她怎麼把「世界球王」的簽名球送給陌生人。迷糊的她說：「我根本不知道比利是誰，也不看足球，留個球做什麼？有人要就給他嘛！」

她住香港，有一天司機放假，她外出買東西，再和朋友邀吃飯，晚上回到家，司機著急說「車子被偷了」，她也緊張起來，要司機趕快出去找，她想著「車子怎麼會不見呢」？慢慢才想起來自己開車出去，然後坐計程車去和朋友吃飯；又坐計程車回家，把車子停在購物城的停車場，忘得一乾二淨！趕緊打電話叫司機回來，再跟司機出去把車開回來。司機一臉茫然，怎麼有這麼糊塗的老闆娘？

巴西足球明星比利（右）與其經紀人到香港，甄珍代表迎接。

甄珍在國聯時期，以淘
氣之名聞名於記者圈。

香港有司機的人，不少買同款同色的大休旅車。她和朋友吃完飯，朋友送她上車，她和朋友揮手說再見，司機座傳來陌生的聲音：「小姐，妳上錯車了。」

和朋友聚會時，她聽說，有位藝人因為媒體報導她為了「度夜資」憤恨自殺未遂，她丈二金剛摸不著頭腦，問朋友：「她什麼時候交了個叫『杜葉茲』的男朋友？」朋友被她笑破肚皮，她也笑得直不起腰來。

有一天，她接到電話：「甄珍姊，我是華仔啊！」她回：「你好、你好哇！我過兩天要去買大閘蟹啊！」話筒傳來：「我是劉德華啊，謝謝妳來看我的演唱會。」原來是前一天和方逸華看演唱會的天王華仔啊！她恨不得鑽進地洞裡，硬著頭皮說：「不客氣、不客氣。」她尷尬地搖頭說：「哎呦，我以為是賣大閘蟹最有名的華仔，真是太沒有氣質了，跟人家說什麼大閘蟹。我也很感動這麼大的明星，如此有禮貌，第二天就打電話來道謝。」

迷糊與日俱增，她經常拿著手機找手機、戴著眼鏡找眼鏡。最經典的是，她請一位老朋友吃飯，寫簡訊問她何時方便？對方說了時間，還說會帶孫子一起來。她納悶，怎麼突然有孫子呢？想來想去，是發錯人了，給了同一個英文名字的朋友。朋友也察覺不太對勁，問她是不是約錯人？她硬是說：「沒有沒有，就是妳啊！」事後自我安慰：「這是緣分，本來不是很熟的，這次見面，她的孫子好可愛，我們也更親密了。」

她在《海鷗飛處》裡飾演三個角色，分別是聰明頑皮、驕傲熱情、任性倔強，都有她自己的影子。歲月，把她的任性洗盡，換得成熟穩重。過去她天天軋戲，沒辦法每部戲都是自己配音，數著她配音的電影有哪些……問她《喜怒哀樂》的《喜》是自己配音的嗎？她笑說「是啊」，接著喊：「妳別寫啊，我演個女鬼，一句台詞都沒有！」還是個老淘氣。

赴日拍片
難忘跪地之苦

甄珍成為國語文藝片當紅影星。日本東寶電影公司為爭取華語市場，也在一九七〇年和甄珍簽下三部電影合約，她陸續和日本當紅偶像加山雄三、山田明，以及英國知名童星出身的馬克・李斯特搭擋，片酬三級跳。

甄珍一九七一年在日本拍愛情警匪片《薔薇的標誌》，西村潔導演，拍攝精緻。她飾演中國人，加山雄三是日本殺手，兩人相戀，最後加山雄三誤殺她，他對黑道報仇後也死了，是一齣悲劇，全劇小提琴配樂，有著濃濃的悲傷，和甄珍當時拍的電影風格完全不同。她還清唱了一首中文歌曲〈忘不了的你〉，歌聲柔美動人。

後來，她也在《愛在夏威夷》、《日落北京城》唱主題曲。黃梅調影后凌波聽了，大讚她歌聲美妙，「不錯啊！」不過，她說有人形容她的歌聲：「像是美女的腿，又細又長，又白又嫩，可惜不良於行。因為我沒有節奏感。」

加山雄三比甄珍大十歲，父母是知名演員，慶應義塾大學法學部畢業，身兼歌手、演員、作曲家、吉他手、鋼琴家、畫家，多才多藝，擁有許多女影迷。一九六六年英國披頭四在日本接受他的訪問，一九八八年，鄧麗君上他的電視節目與他合唱，他是日本重量級藝人，七十歲還來台開演唱會。

甄珍說：「加山雄三的五官深邃，像混血兒，有一對很迷人的酒窩，很帥，很有男人味。

甄珍到日本拍《薔薇的標誌》，男主角是加山雄三，是日本重量級藝人。

我和他拍戲時，他正和太太談戀愛，太太也是演員，後來他有四個孩子，兩個當了藝人。」

日本的三部戲，甄珍都說英文，「我爸爸在美國留學，我出生後，他對我說英文，後來搬到日本，我又學了日文，上初中以前，我的英文和日文比中文好。加山雄三在片中說日文、英文，劇情很合理，網路上可以看到整齣電影。」

一九七二年，她和馬克．李斯特在日本拍《畢業旅行》。他九歲時演出《孤雛淚》，獲得一九六九年奧斯卡最佳影片，還演過《人小鬼大》、《兩小無猜》、《乞丐王子》，可愛的金髮小男孩，成為全球知名童星。《兩小無猜》在美國和英國的票房不好，卻在台灣、日本、香港等地轟動。一九七一年在台灣上映時，票房連滿數週。

甄珍說：「馬克那時候真的很紅，過境台北松山機場時，機場擠滿了影迷，媒體搶著訪問他，電影公司也邀他來拍片，可惜他太忙了。」《畢業旅行》在香港的片名直接取為《兩小無猜歷險記》，可見馬克和《兩小無猜》的魅力。

《畢業旅行》也是精緻之作，由出目昌伸導演。故事是馬克到日本旅行，爸爸拜託東京朋友照顧他，中途認識了甄珍演的中國人，因用同款相機，不小心調換，底片有毒販的證據，引發殺手追殺，最後皆大歡喜。劇中數位青少年都是日本人，充滿文化差異。

甄珍說，在北海道拍了一個多月，馬克的爸爸媽媽和妹妹同行，一家人都很客氣禮貌。「馬

甄珍認為加山雄三很帥，非常有男人味。

克真的很漂亮可愛，對人非常親切。我們常一起聊天吃飯，因為天氣很冷，我們就在飯店裡玩柏青哥、打保齡球，殺青後就沒有聯絡了。」多年後，馬克受訪，特別說中國女星中，他認識甄珍。

隔年，甄珍和日本偶像歌星山田明拍《今日之戀》，劇情是甄珍尋找親生父母，誤打誤撞認識了山田明，發展出戀情，後來發現自己有個孿生姊妹，喜劇收場。這部戲讓甄珍印象最深刻，她心有餘悸的說：「有一天清晨五點試戲，我在大馬路上跑，因為那時間人少車少，導演也要拍別的場景。我穿著高跟鞋跑了十幾遍，第二天腿腫起來，大腿肌肉拉傷，動不了，只好停拍兩天。唉呀，那時候多可憐啊！」

雖然幼年在日本，但是到日本工作，甄珍才真正知道日本人多麼一絲不苟，「只是試拍，不拍我正面的時候，可以找工作人員或替身跑嘛。他們就是要全部一起進行，台灣人就會寬容些，日本人規規矩矩。」

正式開拍前，日本人還要開服裝會議。甄珍指著地說：「所有演員在房間裡，全都跪在榻榻米上，導演選服裝，這件衣服要配那條絲巾，那件外套要配這個帽子……一套一套的，從一點弄到五點，搞一個下午。我的天啊，我跪不住呀，就從那邊倒過來，又從這邊倒過去，腳麻啊！我不好意思說我受不了，怕人家說台灣女演員怎麼一點耐心都沒有，破壞台灣人形象，真不知

一九七二年，甄珍和全球知名童星馬克·李斯特在日本拍《畢業旅行》；下圖為甄珍母女與馬克的合影。

道怎麼熬過去的！」她說，日本人太講究、太認真、也太呆板了，試戲要所有人參與，搭配服裝也要大家看著，「其實導演和服裝師配好了就好了嘛，何必要演員都跪在那裡呢？」她邊說邊搖頭，似乎又回到那張如跪針氈的榻榻米上。

回想在日本工作，她說：「雖然很累很辛苦，但是也有很大的收穫，他們凡事小心翼翼，慢工出細活，我也警惕自己不可大意，不能給台灣丟臉，所以格外認真，過程壓力不小，但感覺很踏實。」

結束日本片約後，甄珍急忙趕回台灣，履行成打的片約，包括李行的《彩雲飛》，在港台、東南亞空前大賣，她的演藝事業更上一層樓，也就無暇再飄洋過海兼顧要求一百分的日本市場了。

甄珍和日本偶像歌星山田明合拍《今日之戀》。

影壇搭擋

多少奇人軼事

甄珍早期拍戲，因為年紀小，和她搭配的男主角都是出道多年、比她年紀大一些的男演員，從一九七二年的《白屋之戀》起，她才和年紀相近的鄧光榮、秦漢、秦祥林等新面孔搭檔。不過，和她合作最多的男演員，不是影迷印象深刻的「一鄧二秦」，而是超級影帝柯俊雄，兩人作品多達二十一部。

柯俊雄，一九四五年出生，原名柯俊良，早年演出台語電影，一九七〇年和甄珍合作國語片《吾愛吾妻》前，他已在一九六七年以《寂寞十七歲》獲得亞洲影展最佳男主角，是首位華語的亞洲影帝。之後他和甄珍合作《英烈千秋》，他飾演棗宜會戰中犧牲的張自忠將軍，再度獲得亞太影展最佳男主角。兩人後期的《黃埔軍魂》，敘述國民黨退至台灣，在鳳山恢復黃埔陸軍官校的故事，他終於登上金馬影帝。一九九九年，他再以《一代梟雄——曹操》贏得金馬獎最佳男主角。

甄珍和柯俊雄早期合作《母與女》、《老爺酒店》、《珮詩》，後期有《揹國旗的人》、《風水二十年》、《聖戰千秋》、《我的媽媽》，柯俊雄可說是看著甄珍從少女變成少婦，其實他只比她大兩歲，一張娃娃臉的甄珍，看來比他小許多。

甄珍說：「他是大舌頭，不叫我甄珍，都叫我『髒家ㄗㄣ（章家珍）』，演戲時，他呃啦呃啦說一大堆，我問他：『你在講什麼，我聽不懂？』他就罵我『幹你娘！』呵呵呵……他老

柯俊雄是和甄珍合作最多的男演員，作品多達二十一部。
（李行導演提供）

是跟別人說：『髒家ㄗㄣ像個男人，一點女人味都沒有。』我說，就這樣，關你個屁事！」

二○一五年，柯俊雄得了肺癌，也信了基督教，甄珍去探望他，安慰他，跟他開玩笑：「上帝接納你嗎？他一直很勇敢，沒有絲毫悲觀，一切交給上帝。在我心中，他是台灣最帥、最有男人味、也最會演戲的演員。」喜歡他嗎？「喜歡，他很有味道，就是不能開口說話！」他追過妳嗎？「噗！我的老天，沒有啦，他哪裡看得上我啊，他女朋友可多了！」

她的第一部吻戲，給了《明月幾時圓》，男主角劉維斌比她大十二歲。「我爸爸聽說了，叮嚀我不可以拍，結果還是拍了。」當時社會保守，為了這場吻戲，煞有其事的舉辦講座，訪問影星、文化人「國片是否該有吻戲」。導演郭南宏力爭：「時代激進，文學藝術也在進步，任何一部小說或散文描寫男女主角談情說愛，大多寫到擁抱接吻，在電影劇本上也寫到接吻，所以不該避免。」他也認為吻戲要在合情、合理、合法的情況下進行，使人看了不是霸王硬上弓。

甄珍當時被媒體稱為「大兒童」，最後她只是被輕輕一碰，外界認為保持了少女的矜持，不肉麻，可以接受。甄珍說：「那也是我的初吻，沒感覺，呵呵呵……其實，我那個年代的親密戲，親吻都是借位，頂多碰一下額頭或臉頰，也沒拍過床戲，穿著衣服倒在床上就『卡』了。」

和甄珍拍過不少吻戲的秦祥林說：「那時候，新聞局會監控，我們快要碰到嘴唇，畫面就出現蜘蛛網了。拍《一簾幽夢》時，我要親甄珍，導演白景瑞用珠簾擋著最後那一刻，也就不用親了。」甄珍笑說：「是啊，有時還會故意吊觀眾胃口，像是鄧光榮說『親一個』，我居然拿汽水噴他。」

劉維斌是演員也是導演，最初和甄珍合作《幾度夕陽紅》，甄珍還演過他執導的《我心深處》、《真真的愛》。「他有點斜視，我和他面對面時，故意把兩個眼睛鬥起來，他是男主角，我這樣醜化他，他也不生氣。後來他回大陸定居，晚年有點失智，出去了就回不了家，我請他搬到昆山酒店，方便照顧，可是他不肯，個性很硬，很要面子，現在走了九年了，太早了，很想念這個好朋友。」

另一位甄珍視為大哥哥的王戎，比甄珍大六歲，人如其名，個性和外型都充滿英氣，兩人合作的第一齣戲《新娘與我》，讓兩人紅到香港和東南亞，之後陸續搭擋《連環劍》、《群星會》、《母與女》、《妙極了》等七部片。甄珍說：「拍《新娘與我》時，他常開車帶我逛中山北路，是很直率熱情的人，他也是現在和我聯繫最多的搭檔，我們像家人一樣互相關心。」

王戎本名王占戎，一九四一年生，國立台灣藝術專科學校畢業，先在台灣電視台擔任製作人，一九六四年進入中央電影公司，因在《婉君表妹》中飾演二少爺，成為知名小生，一九七一年以《庭院深深》獲得金馬獎最佳男配角獎。後來赴美進修，自導自演《花花紐約街》等電影，還執導于占元主演的《師父出馬》。現已息影，住在香港，以特異功能幫人治病。

多才多藝的王戎，因為聲音好，開了配音班。甄珍說：「他是不受氣的，有一次配音，有人打電話給他，因為他是男主角，大家等他回來，白景瑞罵他罵得很難聽，他立刻翻臉，白景瑞再也不找他拍戲。」他也拍過李行的《群星會》、《母與女》等片，李行說：「他年輕時很叛逆，脾氣不好，現在幫人治病，完全是兩個人，他還醫過我的腿，無師自通，很奇妙。」王戎也幫甄珍母子治病，一見面就親切的問哪裡不舒服？然後閉目施法。甄珍說：「他一生都是正派俠義的人。」

王戎說，和甄珍拍《新娘與我》時，她才二十一歲，和其他女明星相比，她的氣質特別好，天分特別高。「年紀這麼輕，卻能駕馭最困難的喜劇，讓我壓力很大，不得不趕快多做功課。因為她，我後來的片約也增加。」

甄珍還有一位念念不忘的大哥哥岳陽。兩人合作《四季花開》、《行行出狀元》、《喜怒哀樂》、《淘氣三千金》等八部電影。甄珍說：「岳陽寶里寶氣，是大家的開心果，我們拍戲住在飯店，晚上他想出去玩，我說：『你一定是去找女人。』演員住在同一層，晚上我和李芷麟把門打開，他走到我們這邊時，故意偷偷摸摸的，一看到我們調頭就跑，他根本知道我們在盯他，跟他拍戲最好玩了。」

岳陽本名魯湘生，一九三八年出生，比甄珍大九歲，父親是國民黨將領，他十歲時隨家人

王戎比甄珍大六歲，人如其名，個性和外型都充滿英氣。

王戎父子和甄珍母子情誼深厚。

到台灣。一九七三年與歸亞蕾主演的《三朵花》很轟動，以電視劇《英雄榜》獲得金鐘獎最佳男演員獎。甄珍說：「他平常有點神祕，我都不知道他幾歲，有沒有結婚？他從來不說私生活，可是拍戲很喜歡逗大家開心，好脾氣，愛說笑話。」

兩人在中影拍《喜怒哀樂》的《喜》，半夜兩點，白景瑞說沒有兩人的戲，可以先休息，岳陽就開車載甄珍到附近的故宮博物院，「我演女鬼，穿著白色的戲曲水衣，鬼的頭髮都是直的披下來，臉上的妝也是白色的；他演窮書生，穿著褂子，我們就坐在石頭上聊天。前面有一對情侶聽到我們的笑聲，回頭看我們，哇！不得了！兩個人拔腿就跑。我們覺得很奇怪，跑什麼啊？忘了自己一身鬼模鬼樣，把人家嚇跑了，我們兩個笑壞了。」

岳陽一九八六年回歸大陸。甄珍難過的說：「後來沒了他的消息，慢慢才知道他去了大陸。我一直很掛念他，聽說他在大陸過世了。」

細數這些男主角好朋友，回憶少女時的點點滴滴，甄珍充滿感情，「那時候大家都年輕，各有各的特色，拍戲辛苦，但是很好玩，現在好幾位都不在了。歲月無情，空留回憶。很感謝他們戲裡戲外的陪伴，希望他們能在天堂見面，再好好演幾齣戲，過過戲癮。」

岳陽是甄珍念念不忘的大哥哥，兩人合作了八部電影。

銀幕情侶
義氣哥鄧光榮

（右：李行導演提供）

（左：財團法人國家電影中心提供）

一九七二年，甄珍拍白景瑞導演的《白屋之戀》，由於劇情是「姊弟配」，片商找來一張娃娃臉、比甄珍大一歲的香港「學生情人」鄧光榮。兩人外型氣質登對，成為台灣有史以來最強的銀幕情侶，合作多達十一部片，是港台影迷最傾慕的金童玉女。

鄧光榮出生廣東，先在香港的電台做英文翻譯粵語的工作，也當過模特兒。一九六三年電影《學生王子》招考演員，十七歲的他在同學集體簽名推薦下報名，在上千名應試者中脫穎而出，日後經常被電影雜誌選為「最佳男演員」。這樣的出道，和甄珍十分相似。

《白屋之戀》改編自玄小佛的小說，甄珍飾演記者，因工作認識念大三的籃球健將鄧光榮。由於鄧光榮不擅長籃球，但精於拳術，片中改成「唐手道」。這部純愛悲劇讓觀眾痴迷，從此鄧光榮在台灣拍了三十多部電影，除了李行的《吾土吾民》是抗日電影，其餘都是愛情文藝片，陸續和林青霞、林鳳嬌、張艾嘉、恬妞等人搭配，不過和甄珍的組合，被視為王牌中的王牌。

甄珍和鄧光榮陸續拍了《彩雲飛》、《海鷗飛處》、《明日天涯》、《冬戀》、《斗室（一年幽夢）》、《龍鳳配》、《未曾留下地址》、《大富大貴》、《愛的迷藏》、《愛在夏威夷》。一九七四年的《冬戀》，謝賢導演，鄧光榮擔任製片，此後他和弟弟鄧光宙合組大榮電影公司，拍攝題材以黑道居多。甄珍說：「拍《白屋之戀》時，鄧光榮的國語很差，對戲時，一個說國語、一個說廣東國語，我只聽到他『吼咧吼咧』說一大堆，我一個字都聽不懂。等他說完了，我就要開口，有時我故意用廣東話回他『你講咩話』（你在說什麼）？他就回我廣東人罵人的『丟』啊『丟』！呵呵呵……」

鄧光榮身高一八三公分，甄珍一六二公分，兩人相差一個頭多，拍戲時，鄧光榮要配合甄珍的身高，雙腿岔開，她學著他的動作說：「他經常在大馬路上岔開腿，又累又難看，一群人圍著看，他毫無形象，忍不住罵『丟』！他走路是外八字，因為練武，把手上的關節打得都是黑黑的繭，一個一個的，我笑他是買不起鑽戒，把繭當成鑽戒了。」

拍《白屋之戀》時，有一天早上六點放早餐，兩人走到西門町的戲院門口，她記得很清楚：「地上都是拍戲用的燈具，我們跨著燈走，突然一部車下來四個人，一陣乒乒砰砰，把他打了一頓。他很聰明，完全不回手，猛說對不起，最後倒在燈具上，我趕快叫人啊！我到現在都不知道是為了什麼事？」

隔一年，李行找兩人拍《彩雲飛》，聽說鄧光榮是血氣方剛的浪子，李行很擔心他耽誤拍戲。他也知道李行拍戲時嚴厲如暴君，第一天到片場時嚇得心臟蹦蹦跳，所幸兩人合作愉快。

甄珍清純可愛，鄧光榮朝氣蓬勃，兩人是最速配的公主與王子。鄧光榮帥嗎？她說：「很帥啊，而且善良義氣，是好朋友。我到香港時，他帶我到沙田吃狗肉，廣東人喜歡吃狗肉嘛。」曾有報導說，鄧光榮酷愛狗肉，每次吃都重複說著：「狗肉滾三滾，神仙也發昏。」吃了狗肉

（李行導演提供）

像神仙一樣飄飄然。甄珍愛狗不吃狗肉，納悶鄧光榮也愛狗，怎麼會吃狗肉呢？

一九七八年鄧光榮拍攝《江湖龍虎鬥》，編劇為王家衛，此片讓鄧光榮發現王家衛的才華，於是資助王家衛拍《阿飛正傳》，耗費四千萬港幣，雖然票房只有九百萬港幣，但獲得第十屆香港電影金像獎最佳電影、導演和男主角三大獎，以及金紫荊「十年內最佳香港電影獎」，奠定了王家衛日後在國際電影界的聲譽，也讓鄧光榮成了電影大亨。

一九八九年六四事件後，鄧光榮營救大陸民運人士。已故民主派立法會議員司徒華在回憶錄中說，鄧光榮在行動中甚為低調，從未邀功，被視為正義之士。

二〇一一年，甄珍和他在香港的派對上遇到，「他還是很帥，身材保持得很好，他還勸我要減肥，不能這麼胖，對身體不好……我說了解了解。」

那天，兩人約好再見面，沒想到才一個月，他在睡眠中因心臟病突發過世。甄珍心痛的說：「這麼健康的人只活了六十四歲，令人不敢相信。我和他的太太Janet，在他們談戀愛時就認識，以前常出遊，現在常吃飯，見了面有說不完的話。快五十年的交情，很珍貴。」

鄧光榮與甄珍兩人外型氣質登對，是港台影迷最傾慕的金童玉女。上圖為《彩雲飛》，下圖為《海鷗飛處》（右下圖為財團法人國家電影中心提供）。

甄珍引領

二秦二林接棒

（右：財團法人國家電影中心提供）

（左上：© 星光聯盟影業（北京）（郝總）有限公司提供，左下：© 香港第一發行有限公司提供）

甄珍和鄧光榮被影迷視為無敵拍檔。銀幕上令人印象深刻的「甄珍情人」，後來出現了秦漢、秦祥林兩大帥哥。不同的電影裡，三位高大英俊的男主角摟住甄珍，溫柔嬌小的她依偎在他們厚實的胸前，不論是甜蜜或悲傷，那份契合宛如天造地設，令影迷心動、心醉、心痛。巧的是，三人都是一九四六年出生，比甄珍大一歲。

甄珍十七歲和秦漢合作《遠山含笑》，當時他的藝名是康凱。甄珍說：「這部戲在溪頭、阿里山、墾丁很多地方取景，都在大深山裡。我們每天一早拍戲到晚上，餵蚊子一整天。我和白宇演一對情侶，他天天穿條短褲，被咬得最慘，剛好配上劇情，哈哈哈……白宇條件不錯，但只演了這齣戲。」

因為很少離家，甄珍印象最深刻的是住宿，「在阿里山的日式小旅館裡，一人一間房，拉門式的榻榻米，要走很長的走廊，才有公共廁所，晚上好可怕喔，我都不敢上廁所。在台南住台灣式的酒店，繡花的大紅被，疊得像扇子，像是人家結婚用的。房間裡很陰暗，同行的人說像鬧鬼的房子；服務生是位歐巴桑，對我很好，每天都把床被疊好，上面還放一朵玫瑰花，可是都凋謝了，黑黑的，讓我更害怕。」

甄珍和秦漢之後合作《變色的太陽》、《愛有明天》、《真真的愛》，最知名又賣座的是一九七七年的《煙水寒》，甄珍還因此入圍金馬獎女演員獎。主題曲〈煙水寒〉尤雅主唱，轟動當年，導演賴成英攝影出身，把俊男美女、動人旋律融入淡水美景中，受到影迷極大喜愛，兩人一共合作九部電影。

甄珍說：「秦漢很隨和，但是話很少。每次在休息室見了，我說『你好』，他總是抬頭笑笑，回一聲『嗨』，收工了說句『再見』，有點害羞。我們認識十年後合作《煙水寒》，因為在淡水拍，他開車，我經常坐他的車回台北，談話才比較多，他是個很斯文的人。」秦漢曾在受訪時說，兩人最初合作，年紀都小，他有點愣頭愣腦，每次他想講的話，先被甄珍說光了，他只有識趣的閉嘴。

甄珍和秦祥林也拍了九部片。一九七三年起，連續合作李行、白景瑞、劉維斌執導的《心有千千結》、《婚姻大事》、《晴時多雲偶陣雨》、《一簾幽夢》、《我心深處》，五部作品兼具口碑與票房，使兩人成為票房保證。

秦祥林湖北黃岡人，父親先逃難到香港，他六歲時隨母親和四個兄弟到香港，住在窮困雜亂的調景嶺。十二歲到台灣念復興劇校第一屆，因嗓子不好，在校跑了八年龍套，但武生的基本功讓他二十歲回香港後，成為武俠片小演員，兼任場記，長達七年。因緣巧合下，和甄珍主演了《心有千千結》，甄珍飾演貧苦獨立的特別護士，他是叛逆衝動的富家子。高大英挺的他，演起浪漫又火爆的角色，瞬間擄獲影迷的心。兩人的美麗與英俊，加上出色的演技，不但電影賣座，秦祥林也在一夕間從小武生變成文藝片當紅小生。

兩人作品中，秦祥林最喜歡《晴時多雲偶陣雨》，「這是白景瑞導演最擅長的輕喜劇，劇情很風趣，我和甄珍都很能發揮。編劇是張永祥，主題曲是莊奴的詞、左宏元的曲，有原野三重唱、甄妮兩個版本，很好聽，整部片子都是一流人選。戲裡我翻筋斗，大家很驚訝我怎麼會這個，哈哈哈……這是我本行啊！」甄珍也很喜歡這部戲，可惜四處找不到影片和拷貝，無法修復。

瓊瑤曾說，秦祥林不論臉型、眼睛，都是她合作男星中最漂亮的一位。秦祥林聽了很不好意思。甄珍說：「他五官很立體，像混血兒，眼睛很大，很漂亮。」

秦祥林笑說：「我是有點外國人的輪廓，不過是純正的中國人。」

「二秦」出現後，媒體和各自影迷總拿兩人相比，常是話題。甄珍說：「秦漢溫文儒雅，李行導演就喜歡他氣質好，有書卷氣。我們開玩笑稱他是『大家閨男』。秦祥林熱情活潑，厚道可愛，別人說話的時候會搭腔，是個傻愣愣的大男孩，很討人喜歡。」

一九七四年，院線放映甄珍主演的《海鷗飛處》、《一簾幽夢》、《英烈千秋》、《我心深處》等十多部戲。正值她事業巔峰，影壇出現了兩位美麗的女星林鳳嬌、林青霞。當時「二秦」已成名，開始和「二林」搭配，台灣影壇進入「二秦二林」盛世。

林鳳嬌一九五三年出生，十九歲演了第一部戲《潮州怒漢》，後來成為李行的御用演員，連

甄珍最早和秦漢合作《遠山含笑》，息影前的《風水二十年》、《聖戰千秋》男主角也是他。圖為《真真的愛》劇照。（© 星光聯盟影業（北京）（郝總）有限公司提供）

一九七七年，秦漢與甄珍合作《煙水寒》，甄珍入圍金馬獎女演員獎。
（© 中國星香港發行有限公司提供）

續演出《汪洋中的一條船》、《小城故事》等大片。

林青霞一九五四年出生，也是十九歲出道，先拍了瓊瑤的《窗外》，因版權問題未在台灣上映，隔年主演劉家昌執導的《雲飄飄》、《純純的愛》、《純情》，是「二秦二林」中最快速竄紅的。

甄珍和「二林」有個淵源，一九七八年，金漢要拍文學古裝片《紅樓夢》，妻子凌波是演賈寶玉的不二人選，他邀林青霞演林黛玉。李翰祥聽說了，也要拍《紅樓夢》，迅速簽下林青霞反串賈寶玉，並邀甄珍演林黛玉，甄珍因故婉拒。接著金漢也找甄珍演林黛玉，卻沒聯繫上，再找林鳳嬌，她和成龍熱戀中也未成。一本《紅樓夢》牽動三人，日後甄珍和二林成為知交。

林青霞出道第三年，到甄珍台北下榻的飯店看她，甄珍在飯店禮品店買了香水當見面禮。她說：「那是我們第一次見面，她的五官和身材都好看，氣質也好。後來我定居洛杉磯，她和我們到拉斯維加斯賭城玩。我們都定居香港後，常吃飯聚會，她和女兒講電話都是輕聲細語的，『好啊，那我馬上就回來。』兩個女兒好可愛。她是山東人，個性直爽，很懂事，非常會安排生活、照顧朋友。」

甄珍和林鳳嬌認識較晚，「我定居美國後，她也息影住在洛杉磯，和鄧美芳等好友到我家玩。阿嬌個性傳統，節省簡樸，習慣穿運動裝，從來不化妝，脾氣非常好，我們常一起吃飯逛街。現在她住在北京，幫成龍管理公司，我們比較少見面，但友誼不變。」

甄珍和秦祥林拍了九部片，上圖為《婚姻大事》（© 香港第一發行有限公司提供），下圖為《晴時多雲偶陣雨》。

甄珍和「二秦二林」都是金光閃閃的影帝影后。甄珍以《緹縈》、《冬戀》獲得兩屆亞洲影后，以及金馬獎終身成就獎。林青霞以《八百壯士》獲得亞太影展最佳女主角，再以《滾滾紅塵》登上金馬獎影后寶座。林鳳嬌則以《小城故事》成為金馬獎最佳女主角，同年再以《汪洋中的一條船》成為亞太影后。秦祥林以《長情萬縷》、《人在天涯》獲得兩次金馬影帝。秦漢則以《汪洋中的一條船》同時在亞太、金馬獎稱帝。

五位超級巨星，演藝生命最長的是秦漢，影齡迄今五十五年，其他四人都已退休。甄珍說：「很佩服他的毅力，他心情平靜，愛運動，外型保持得很好，越來越有味道，七十多了還是很帥。」她和秦漢一九八七年一起受訪，她讚美秦漢演電視劇後演技越來越好。秦漢說，演了三部電視劇，才真正體會出演技的竅門，過去拍愛情片，總是牽手在草地上跑跑、咖啡室坐坐就算了，他認為可以演更有深度的角色，「以前總想有機會轉行，現在我大概會演到老，把電影當一輩子的事業。」果然他做到了。

當初「二林」的出現，是否影響了甄珍的片約和聲勢？她說：「不是不是，拍《彩雲飛》時，歌廳的戲要半夜拍，我被叫起來，迷迷糊糊的把殺蟲劑的罐子當成髮麗香，噴了一頭，又沒時間洗，直接上戲，心裡感到很淒涼，偷偷哭了起來。拍戲那些年，我都是全年無休，實在太累了！那時候就不想演了。」

秦祥林稱讚甄珍：「她是屢創文藝片高潮的巨星，對台灣電影貢獻影響甚大。」雖然是天生演員，但是她沒有事業心，只想當個電影界的模範生，把戲演好，規規矩矩。一九七八年，她拍攝《黃埔軍魂》時，宣布是她的最後一部戲。當時影壇女星除了「二林」，也陸續出現胡因夢、恬妞、周丹薇、陳秋霞、謝玲玲等，可挑大樑的女演員。

甄珍說：「電影圈有那麼多的戲，我一個人也拍不完，不是『二林』，也有其他人會上來，這是非常自然的事。我們都很幸運，遇到電影界人才濟濟、經濟蓬勃的大時代。」

提攜後進
秦祥林感念深

（左右圖均為李行導演提供）

二〇一三年，第五十屆金馬獎的終身成就獎，頒給從影五十年的甄珍，台下歷屆影帝影后起立向當年帶起國語文藝片潮流的她致敬。頒獎人是她的銀幕情人秦祥林。

秦祥林在台上真誠又從容的說：「我剛進電影業的時候，在香港拍武俠片，拍了六、七年，後來因為甄珍小姐的引薦，大力的把我推薦給李行導演，這樣我就回到台灣拍了《心有千千結》，也因此改變了我的命運，也有了後來的『二秦二林』。電影界每個時期都有代表性的人物，在『二秦二林』之前，就是甄珍的時代。」他對這段短而有力的引言非常滿意，「引言不能長，更不要說得肉麻灑狗血，希望甄珍滿意。」

金馬獎執委會最初想找秦漢湊成「二秦」，秦祥林希望不找頒獎搭檔，以便他完整表達甄珍的成就，以及他對甄珍的感謝，於是如他所願「一秦頒獎」。回想六年前，秦祥林說：「頒獎給甄珍，我義不容辭，但我怕兩個人頒獎比較麻煩。可是離開舞台太久了，我不知道要說些什麼，回台十天，我連坐在馬桶上都在想說什麼，要簡短，又能表示我對她的感謝和推崇。」

甄珍上台領獎時，秦祥林體貼的下台迎接她，昔日銀幕情侶再度同框，畫面珍貴，氣氛感人，台下掌聲如雷。甄珍說：「那天上台致詞，我幾度轉頭看著秦祥林，對他傻笑，示意他把獎座拿給我，把我急壞了，本來想說『請你把獎給我』，又怕自己忘了講到哪裡，接不上詞。下台後，我問他怎麼不趕快把獎給我呢？因為我在家背稿子半個月，都是拿著獎座的，上台了沒獎可拿，

二〇一三年第五十屆金馬獎，秦祥林上台頒發終身成就獎給甄珍。昔日銀幕情侶再度同框，氣氛感人。
（上下圖均為台灣蘋果日報提供／張桓誠攝影）

我的手都不知道該放在哪裡了！」

秦祥林笑說：「我在台上可能耳朵不好，沒聽到主持人蔡康永要我馬上把獎給她。因為銀霞之前說甄珍身體不好，要我多照顧她，我怕她拿著累，沒立刻給她。後來她一直看著她的獎，到中間我想要給她，又怕打斷她說話。」原來親愛的夥伴還是一片愛心。他有點遺憾的說：「太久沒見面，有點生疏了，不然中間說個笑話就給她了，哈哈哈，是個小缺陷。」甄珍口裡的「傻大個兒」，還是不失憨氣。

秦祥林二十歲復興劇校畢業後，回香港當武行和小演員。「我在香港搞不出名堂，很苦惱，因為我不適合古裝造型，演大俠也不像，眼睛凶不起來，瞪再大都沒用。我和鄧光榮都是『銀色鼠隊』的兄弟，他到台灣演了《白屋之戀》紅得不得了，我想他國語都不會講，這樣就紅了。我就很想回台灣拍戲。」

白景瑞到香港時，他跟前追後，一天到晚說崇拜他拍的《新娘與我》、《今天不回家》。龍剛執導《珮詩》，甄珍、柯俊雄是主角，秦祥林是配角。他說：「我想這是一個天大的好機會，我陪甄珍母女逛街，沒辦法送她們禮物，但是可以幫忙提東西啊，章媽媽真能逛啊，我走得腳都腫起來。我不斷的跟她們說我很崇拜李行和白景瑞，如果她們能帶我去台灣拍戲就太好了。」

他手腳勤快，嘴甜又會拍馬屁，章媽媽真的把他的心願放在心裡。李行要拍《心有千千結》

時，想找《彩雲飛》的鄧光榮和甄珍再次合作，可是鄧光榮有事，秦漢也接了別的戲，章媽媽立刻想到在香港巴望著的秦祥林。李行說：「那時候，我問章老太有沒有人選？她告訴秦祥林的經紀人陳自強，陳自強就打電話給我，第二天秦祥林就從香港到台灣。」這下秦祥林終於如願以償。

這個經過，秦祥林刻印在腦海裡，記得清清楚楚，「李導演說要看我，我開心得不得了，恨不得當天就衝到台灣。在飯店見面時，我因為沒見過他，有點生澀。他覺得我眼睛怪怪的，因為我近視眼，沒戴眼鏡，戴上隱形眼鏡就好了。那天算是勉強過關吧，呵呵。」甄珍說：「我媽媽看他演技不錯，長得也帥，國語又沒問題，所以推薦他，也是他自己條件好。」

二十七歲從武俠片轉到文藝片，不是簡單的事。秦祥林說：「我在香港也拍過一點文藝片，剛拍《心有千千結》時有點生硬，因為文藝片和武俠片的台詞、風格都不同。有一場我和哥哥打架的戲，我看出李導演可能沒拍過這樣的場面，我就建議怎麼打才像是一般人打架，李導演就照著安排鏡頭，拍完後，他說我拍過武打片不錯。哎呀，那一刻我好高興啊！」

時隔四十六年，李行說，當時鄧光榮和秦漢如果演了《心有千千結》，日後可能就沒有秦祥林，更沒有「二秦二林」了。「甄珍是關鍵，這也是秦祥林的命啊！」秦祥林至今感謝甄珍母女，再三的說：「她們給我機會，改變我的一生，她們的一小步是我的一大步。」

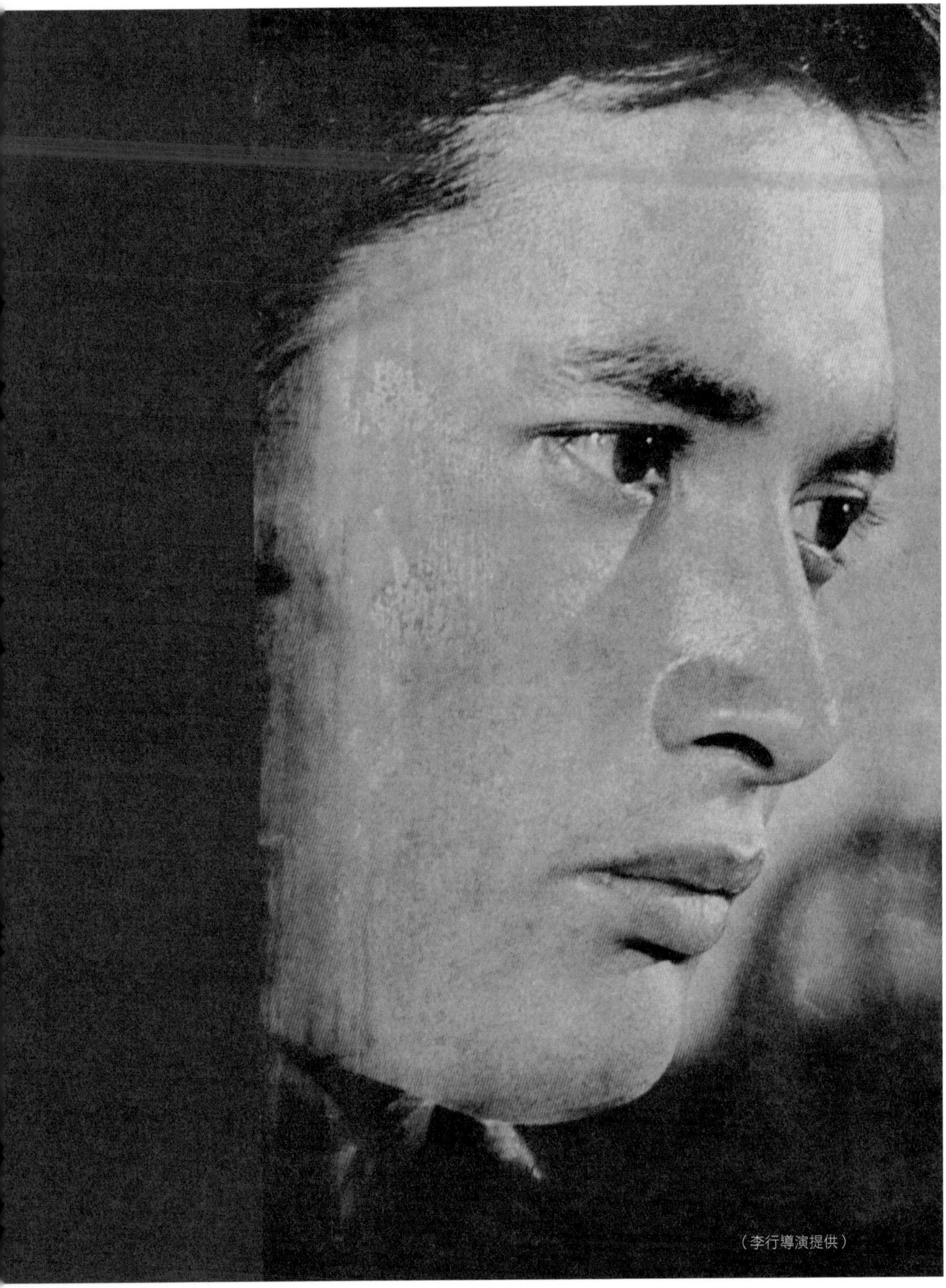

（李行導演提供）

甄珍對秦祥林不但有推薦之功，也有提攜之恩。在香港拍戲時，秦祥林受盡欺負，「香港電影圈會欺負新人。大牌演員已經很紅了，他還是要擋著你，我好不容易有個正面的鏡頭，他一個轉身，變成我和他面對面，我就只剩下側面。甄珍心好，會照顧新人，絲毫沒有大牌的驕氣，一起拍戲，她和大家打牌，聽老演員說黃色笑話，咯咯咯的笑，她一笑，大家都跟著笑。她是一個太好的人，從來不擺譜。」

秦祥林仰慕的說：「甄珍容貌漂亮，個子不高，可是整個人很勻稱，無一處不美。李行導演對她很好，仔細地拍她，還用凡士林塗在鏡頭上，讓畫面有一種朦朧美。她演戲很自然，因為個性如此。在我心裡，她是高高在上的大明星，《心有千千結》有場戲，要我一把就把她推倒在地，我都不敢推啊，她是大牌又是女生，受傷了怎麼辦！」

甄珍想當年：「他演脾氣火爆的富家子，眼神很有力，演得很好，有大將之風，超乎大家想像。不過，他拍哭戲哭不出來，我教他點眼藥水。正式拍的時候，他一下就把眼藥水流下來，還嗚嗚嗚的說：『不要流不要流……』，我說你要把眼淚控制好，他說：『控制不住啊，要不然眼藥水會流到鼻子裡！』我說你真是有夠笨的。」

拍《珮詩》時，甄珍就見識了他的笨。她飾演千金小姐，在聖誕節時捧著很多禮物，穿著迷你裙從樓梯走下來，秦祥林和她擦身碰一下，讓她手上的禮物全掉下來，這一刻畫面定格。

可是身高一八五公分的大個子，對她正面一大撞，轟的一聲，她整個人躺在樓梯上，狼狽無比，NG重來，千金小姐的頭已經被撞暈了！

甄珍印象最深刻的是，導演要兩人盪鞦韆，面對面的盪到中間時，秦祥林要靠近她、親她一下，很浪漫。甄珍說：「盪過來盪過去，他一個勁的噘著嘴，嗚嗚嗚，就是親不到，來回好幾次，那時候底片很貴呀，我說你怎麼這麼笨呀，盪鞦韆都不會，他說他真的沒有盪過鞦韆，大概劇校裡沒有鞦韆吧，要他耍棍子可以，盪鞦韆不行！呵呵呵……」笑歸笑，她讚美他是好演員，改演文藝片才三年，就得了兩座金馬獎最佳男主角。也認為他在《一簾幽夢》演得最好、最用心。

秦祥林以前綽號「小氣查理」，甄珍說：「我媽媽帶果汁、雞湯到片場，放在冰箱裡，秦祥林老是先喝掉，我去拿的時候已經沒有了。他常常買瓶可樂自己喝，天氣很熱，我問他怎麼不幫我買一瓶？他說，妳也想喝啊，那給妳。他就是這樣的人，我想他從小窮怕了，養成節省的習慣。想想那個時代，我還有媽媽幫忙補充營養，男演員又高又大，只吃便當，真的不夠。」

秦祥林說，在邵氏時，他看過很多大紅大紫過的演員，後來演個小角色餬口，蹲在片場門口打牌，為了兩塊錢和人吵架。「我一直提醒自己，演員是個朝不保夕的工作，花錢可以，可是不能亂花，那些錢都是辛苦賺來的。」

他還有個綽號「花心查理」，女友換不停。甄珍說，拍《婚姻大事》的休息時間，她和林月雲坐在長沙發的兩頭，她閉目養神，秦祥林輕手輕腳的坐在兩人中間，小心翼翼的看看甄珍是不是睡著了，然後對林月雲小聲說：「啊，妳好美啊！眼睫毛好長啊……」甄珍沒睡著，噗一聲笑出來，因為明明就是假睫毛，當然長嘛。被她這麼一笑，查理沒面子的走開了。

秦祥林一九八三年回到香港拍片，四十二歲時娶了工作認識的化妝師曹昌莉，比他小十六歲。一九九二年息影，與妻小定居在美國洛杉磯。現在兩個兒子都已工作，夫妻感情和美，常結伴旅遊。他說：「我從小離家上學、工作，欠缺家庭溫暖，很喜歡家庭生活，也從來沒有眷戀過演藝工作，但永遠感謝工作上幫過我的人。」

撰文時，秦祥林剛好帶太太回台灣度假。他頒終身成就獎給甄珍後，決定不再參加公開活動，包括受訪。為了甄珍，他破例，也答應回台參加她的傳記發表會和影展。訪談前，他慎重的要求看採訪摘要，準備充分，侃侃而談。甄珍有此重情重義的好友，深感欣慰，她說：「我們是一輩子的好朋友，看到他有幸福美滿的家庭，我非常為他高興，永遠祝福他。」

秦祥林和甄珍是一輩子的好朋友，圖為他們兩人合作的第二部戲《婚姻大事》。
（© 香港第一發行有限公司提供）

一九九二年，秦祥林息影，與妻小定居在美國洛杉磯。（秦祥林提供）

初戀謝賢
香港祕密結婚

（右：© 香港第一發行有限公司提供）

甄珍十六歲開始拍戲，在電影裡嘗盡酸甜苦辣、纏綿悱惻的愛情，但在戲外卻是白紙一張。二十四歲演出《緹縈》前，她多和王戎、楊群、王沖、岳陽合作，他們年紀較大，把她當成小妹妹，喜歡她，更愛護她。她說：「我每天忙忙碌碌、開開心心，演戲歸演戲，真實世界裡沒有愛情兩個字。」一直到拍攝《緹縈》，她才和男主角謝賢戀愛，是她的初戀。

美麗動人的大明星，二十四歲前怎麼沒人追求？也沒交過男朋友？電影製片皮建鑫說：「她的家人管得很嚴，她的生活非常單純，只有拍戲，哪裡都不去，而且大明星高高在上，即使條件好的男生也不敢追呀！」追她的人，真的數都數得出來，約她看電影的劉家昌，華僑富商來台灣請她吃飯……但她都不放在心上，甚至不知道人家在追她。她說：「我對愛情很遲鈍，開竅得很晚，而且觀念很傳統，如果要戀愛，就是要結婚，所以一點也不急。」

她不知道，遠在香港的第一小生謝賢，在她二十一歲時就鎖定她。在雜誌上，他看到甄珍的照片，「這個女孩好漂亮，美到無法形容，我一定要追到她。」

謝賢一九三六年出生，本名謝家鈺，長相斯文，身材高大，穿著時髦。一九五四年首部粵語片《樓下閂水喉》成名，是影迷心中的白馬王子。家有八個兄弟姊妹，因排行第四，稱為四哥。他非常重玩樂，是香港賽馬會會員，有私人馬匹，也是香港第一個有遊艇的藝人。年紀稍長後，他戲裡戲外必戴淺色眼鏡，笑稱桃花多、遮豔遇。現今高齡八十二，仍以各式眼鏡搭配潮服，要帥一輩子。

一九六八年，香港舉辦港台國片欣賞週，中影公司率團參加，甄珍剛好因《新娘與我》紅到香港，李翰祥在香港機場接她。甄珍說：「這個團有十幾位演員，韓湘琴、上官靈鳳啦。李導演和謝賢來接我和媽媽，謝賢的國語不錯，開跑車載著我們出入很多場合，也帶我和媽媽到處玩，一位記者就坐在後座，全程跟著我們，把我和謝賢湊在一起炒新聞，天天都是頭版新聞，一個禮拜後，我去菲律賓參加亞洲影展。」當時，情場老將還不敢對純潔的甄珍示愛。

隔年，甄珍去香港宣傳《今天不回家》，李行帶隊。李翰祥又出面招呼，謝賢仍充當地陪，載著李行和甄珍母女出出進進，殷勤體貼，全團到他的遊艇上玩，媒體還是起鬨說他和甄珍拍拖，兩人本名都有個「家」字，稱之「天成一家」。甄珍回台後，三十三歲的謝賢就展開追求了。

甄珍回憶初戀流露出嬌羞：「我回台灣後，沒有想過謝賢的事，照樣過日子。他開始寫信給我，我不知道該怎麼回，要媽媽回，媽媽也就胡扯啦，寫些感謝客氣的話，呵呵呵……後來他從香港打電話給我，都是晚上快十二點，我家人都早睡，媽媽把我叫起來。不知道為什麼，我聽到他的聲音，整個人就開始抖抖抖，只會說嗯嗯嗯、好好好！」二十二歲的她這時才情竇初開，開心又緊張，不明白自己為什麼會顫抖，在電影裡，從來沒演過這樣的戲啊。

甄珍拍《群星會》時，謝賢來台探班，還與甄珍一家老小在台灣旅遊。甄珍說：「那時候，我們還保持朋友的關係。」

一九七一年，李翰祥執導中國製片廠的歷史古裝大片《緹縈》，甄珍是女主角，男主角是謝賢。為何遠從香港找來謝賢呢？甄珍說：「他那時候是香港第一小生，古裝扮相也好，也可能我和他的新聞炒得很熱吧！」拍戲時謝賢開始追求了嗎？「也沒有，我們很專心的工作。不過從互動上，我開始懂得戀愛是什麼了，呵呵呵……」說完忍不住甜美一笑。

謝賢身高一八〇公分，甄珍一六二公分，謝賢比她大十一歲，兩人在一起，甄珍像個小妹妹，小鳥依人。謝賢不論在任何場合都牢牢牽著她的手，她也溫順的讓他牽著。香港朋友於是替甄珍取了一個有趣可愛的綽號「抓手仔」，意思是「被抓著手的小女孩」，比被牽手的感受還要強烈。

甄珍說：「謝賢對我很好，很紳士、很體貼，上下車都幫我開門，送我去洗頭，然後再來接我……他忙的時候會安排助理帶我去做衣服、買東西，全心全意的照顧我。」這般柔情，立刻擄獲她的心。

甄珍母親不贊成女兒和謝賢在一起。拍《緹縈》時，兩人收工後去吃飯，甄珍回家後，母親不高興的責問兩人去哪裡了？「但是，媽媽也沒有明白說不准我和他交往，她希望我認真挑選對象，而且趁年輕多賺點錢，結婚後就不要再辛苦拍片，她也希望我在圈外找對象。」

謝賢鍾情甄珍，但不敢追求，直到拍完《緹縈》，兩人才開始正式交往，他是甄珍的初戀。
（財團法人國家電影中心提供）

謝賢（右二）非常呵護甄珍。左右兩側各是白景瑞、柯俊雄。

甄珍拍《群星會》時，謝賢到台灣，與甄珍一家人在日月潭旅行。

在《群星會》中飾演歌星，甄珍明豔照人。

影迷和媒體也反對她和謝賢在一起，「大家都說他有很多女朋友，又會賭錢，沒有一個人說他的好話。其實，他只是看起來像花花公子，說話喜歡開玩笑，是個『口花花』的人！他那時候很紅，可是沒有什麼錢，因為很會花錢，買跑車、買遊艇啦，不存錢，大大剌剌的。」

時至今日，她還是認為謝賢很委屈，「他只是打麻將，不是豪賭那種。交往時，他清楚告訴我之前兩位女友的情況，都是他還不想結婚而分手，很對不起她們。我和他在一起後，很確定他沒有別的女友，也不會和女生打情罵俏，很正經。」

一九七二年，謝賢在香港開設「謝氏兄弟影片公司」，邀甄珍拍他首次執導的電影《窄梯》。「謝氏」電影中，謝賢有的自導自演，和甄珍成為另一組銀幕情侶。她陸續拍了「謝氏」的《明日天涯》、《斗室（一年幽夢）》、《冬戀》、《大富人家》、《盲女奇緣》、《變色的太陽》、《愛在夏威夷》八部戲，其中《窄梯》和《明日天涯》在香港轟動，票房一百多萬港幣，創下香港文藝片紀錄。如此愛相隨，使得媒體瘋傳兩人即將結婚。

甄珍的身分證，一直由媽媽保管，有一次，經常在戲裡演她母親的張冰玉，好心的告訴她：「身分證要放在身上，因為工作隨時用得到。」於是她從媽媽那裡偷出來，放在自己抽屜裡。第二天身分證不見了，媽媽拿回去。張冰玉教她，把抽屜整個拉拿出來，身分證貼在上層，再把抽屜放進去，別人一定找不到。她回家照辦，隔天還是被媽媽拿走了，她嚇壞了，媽媽怎麼這麼厲害？再也不敢拿身分證。「我後來才想到，媽媽應該是怕我拿身分證去結婚。」

和謝賢甜甜蜜蜜了四年，一九七四年三月，甄珍在新加坡、香港拍《海鷗飛處》，「那一次，媽媽沒有跟我出國。謝賢在香港對我說，妳回台北後，還是過那種只有拍戲的日子，妳該學學海鷗自由自在。這次妳媽媽沒有來，我們只有這個機會可以結婚，我說：『啊，這次就結婚啊？』他說他認識結婚註冊所的人，可以帶我們從後門偷偷進去，我們都用本名登記，事後也不要宣布，沒有人知道我們結婚，我就說好！」

拍完《海鷗飛處》最後一場戲，三月二十二日，謝賢帶著甄珍到結婚註冊所。甄珍說：「謝賢的朋友當我們的證人。我們一簽完字就離開，本來以為沒有人知道，可是我們還沒有回到家，新聞就出來了，大概註冊所裡有記者。港台新聞界鬧成一片，隔天報紙都以頭條新聞處理，媽媽看了新聞氣壞了，台灣影迷和媒體也不開心，認為我是台灣的，怎麼嫁給香港人，還說謝賢配不上我，好像是他們結婚似的。」

甄珍本來住在香港酒店，婚後搬出，母親感嘆管不住女兒了。那年，甄珍已經快二十七歲，不算早婚。她少女時沒有叛逆期，此時才有自己的堅持。「我已經拍片十年，厭倦得很，每天都很累，想換一種生活，剛好遇到愛我、我也愛的人，戀愛過程很美好。我欣賞謝賢的成熟，也想有自己的家，只是結婚有一點衝動，他說什麼，我就做什麼，沒想太多。」

甄珍個性活潑，在謝賢面前總是乖巧柔順，她笑說，那是因為媽媽總在他們身邊。謝賢原是出名的「人來瘋」，但在章媽媽面前就三緘其口、一本正經，他曾公開說：「我唯有一怕：甄珍母親，在她面前，我完全輕鬆不起來。」

六月時，甄珍回到台灣，和母親徹夜長談，章媽媽終於氣消了，不過還是不滿意新姑爺。接著新婚夫妻在台灣拍《一簾幽夢》，由於將到歐洲拍攝，說好到歐洲度蜜月，可惜後來改成到韓國。

一九七五年二月，兩人和一群好友到美國、加拿大補度蜜月。香港電影雜誌《銀色世界》老闆娘王安妮說：「我到現在還記得，去美國的飛機上，甄珍睡著了，頭靠在謝賢的肩膀上，謝賢全程不敢動一下，當然也不敢起來上廁所，就怕吵醒甄珍，像寶貝一樣的寵愛著嬌妻。我們看了好感動啊。」一位好友笑說：「有兩件事情，我搞不懂，一是，七四七飛機這麼大、這麼重，怎麼能衝上雲霄？二是，謝賢怎麼娶得到甄珍？」謝賢笑得開懷得意。

兩人婚後住在謝賢九龍廣播道的公寓，謝賢大肆裝修，偌大的客廳有乳白的皮沙發、寶藍的厚地毯，臥房一長排白色衣櫃、白床和化妝檯……甄珍當時說，自己不是好太太，不會燒菜，只會泡麵，謝賢溫柔的說：「我做菜給妳吃就好了。」有一天，謝賢要助理去繳水電費，甄珍大吃一驚，「以前我住在家裡，不管這些，所以不知道水電要付錢，以為都是政府供應的，不要錢，呵呵呵……」

謝賢婚後依舊大手筆，買了一部保時捷跑車給嬌妻，上面鑲了她的英文名字 chen chen，車牌也是 chen chen。不過，她只開了兩次，因為跑車底盤低，人幾乎是躺著，「我的腿不夠長，踩不到煞車，還把腳扭了。」甄珍接著買下香港的玫瑰新村，是棟背山面海的豪華住宅，約八十萬港幣，謝賢裝潢得更富麗堂皇，處處都是玫瑰雕花。

回想和謝賢從戀愛到婚姻，甄珍說：「我們一直互相尊重、客客氣氣，從來沒有大聲說話過，也沒有吵架。外面人說我們個性和習慣不同，因而產生問題，其實沒有。他很照顧我，給我很大的安全感，我非常幸福。」

公然搶妻
劉家昌不放手

甄珍和謝賢有情人終成眷屬，消息曝光後，外界震驚，從未明確追求甄珍的劉家昌，像沉睡的獅子醒來，狂喊著愛甄珍，違反倫常地瘋狂追求人妻。他理直氣壯的說，認識十一年的甄珍，是他的真命天女，只能屬於他，一定要把她奪回來。

劉家昌祖籍山東，一九四三年出生於哈爾濱，中日戰爭時全家移居到韓國仁川，以僑生身分來台讀大學。他的音樂創作力強，堪稱拿到歌詞腦中即浮出旋律，有「音樂鬼才」之稱。他大量創作流行歌曲及電影配樂，先後和甄妮、鳳飛飛、劉文正、鄧麗君、費玉清、尤雅等歌手合作，知名歌曲有〈往事只能回味〉、〈月滿西樓〉、〈一簾幽夢〉、〈庭院深深〉、〈中華民國頌〉、〈梅花〉……二〇〇一年獲得金曲獎特別貢獻獎，實至名歸。

劉家昌還是窮學生時，在台北的中央酒店夜總會駐唱，認識十六歲的甄珍。他曾說：「我二十歲時遇見甄珍，驚為天人。」甄珍說，那年代的台灣很單純，晚上沒有什麼娛樂，國聯公司的江青、汪玲和朋友到中央酒店玩，她還在上學，只有假日才能跟著去，「劉家昌唱完歌，到座位上和大家聊天，我的心都放在冰淇淋和看人跳舞上，沒有注意他。」

甄珍父親規定她晚上十二點前到家，不然就搬張椅子坐在院子裡等女兒，因此沒有人願意送甄珍晚歸。有一次大夥推劉家昌送她回家，甄珍說：「在計程車裡，他說明天請我看電影，在萬國戲院門口，下午兩點。我還不知道約會是什麼樣子，不敢說不要，只好『嗯』一聲，隔

十六歲的甄珍，穿上旗袍風姿綽約。

天沒去，他很生氣。那時我還沒有拍電影，只幫國聯拍照片宣傳，他就到處罵我是『照片明星』！有一次楊群見了我，問我：『丫頭，妳怎麼惹火劉家昌？他到處罵妳不過是個照片明星。』我不知道劉家昌為什麼要這麼生氣，反正我不把他放在心上。

她不理劉家昌，可是江青很欣賞他的才華，兩人戀愛後懷孕，一九六六年閃電結婚。李翰祥導演因江青未告知婚事而震怒，原定江青主演的《鳳陽花鼓》，換成甄珍。劉家昌和江青結婚四年離婚，兒子歸劉家昌撫養。

一九六八年，甄珍為電影《新娘與我》配音時，已婚的劉家昌到錄音室找她，「那天，他叫我的名字，我問他有什麼事？他說：『來來來，出來一下。』我就開門走到樓梯口，問他什麼事情，他突然在我臉上『啵』的親了一下，然後就跑了，搞得我莫名其妙。」

甄珍拍完《緹縈》公開和謝賢交往，照理說，離婚的劉家昌和她已然錯過。聖誕節時，劉家昌請甄珍、甄珍父母以及朋友一起吃飯，甄珍父母嫌時間晚了先離開，他開車載甄珍回家。甄珍說：「他開車到北投、陽明山，一路上都不說話，不停的繞圈子，我問他這大深山裡什麼都沒有，烏漆嘛黑的看什麼啊？實在太無聊了，就請他送我回家。我一點也沒有感覺到他在追我，一年吃一次飯，中間一通電話都沒有，我覺得這個人很奇怪。」

一九七四年，甄珍拍《海鷗飛處》外景時，已離婚四年的劉家昌請製片周慶庭送一張紙條給甄珍，上面寫著〈我心深處〉的歌詞，「輕聲一嘆，嘆不盡傷感，默默地盼，盼望那遲來的緣。幾許相見，加深我的愛戀，分秒不見，都使我相思綿綿。天天的等，夜夜的盼，虛度了多少落葉的秋天。常聽你消息，就像在眼前，仔細的看一看，你卻遠在天邊。默問蒼天，何時了我心願，對你情感，常留在歲歲年年。」字字句句，皆是他當時對甄珍的心聲。可是，神經大條的甄珍看了，以為是劉家昌邀她唱歌、灌唱片，「李行導演看到紙條，問我那是什麼？我說，劉家昌叫人送來的，他立刻說：『別理他！』我心裡越發認為劉家昌太奇怪了。」

多年後，劉家昌經常說，自己很浪漫，是甄珍太遲鈍、不解風情。甄珍的祕書陳淑蓉說：「劉先生問我甄姊是不是二百五？他帶她上陽明山，又送她歌詞，她居然不知道劉先生在追她。那時候甄姊沒談過戀愛，很單純，劉先生又不是很殷勤，也不說明白，她當然不知道啦。」甄珍說，她真的不知道，不過也一直很躲著劉家昌，所以沒拍過他的電影。「我對他不但沒有心動過，甚至沒有喜歡過。」說完，再加上兩個字「真的」！

她笑說：「劉家昌和王安妮很熟，兩人見面，他翻著《銀色世界》雜誌，看上面的女星照片，一一數著自己的風流史，『這個有……這個也有』，表示他曾追上哪些女明星，看到我的照片時，他搖頭說『這個沒有』，就是我沒有和他交往過。」

劉家昌邀甄珍看電影被放鴿子時，發下豪語：「等我當了導演，再來追妳！」個性好強的他，認為要和甄珍地位相當才行，不能被外界稱為「甄珍的男朋友」。但是，他和江青離婚前已開始擔任導演，離婚後和多位一線女星談戀愛，也清楚甄珍和謝賢交往，卻按兵不動，直到伊人他嫁，他才拚命。為什麼這麼「橫」？一位當時很挺劉家昌的朋友說，他的個性就是「什麼都敢」，不顧一切情理法，所以被稱為「劉瘋子」。他來台灣時愛打架，連警察都打，在電視節目唱歌，一頭長髮，叼根菸，像個太保。當時的總統蔣中正看了，覺得太不像話，對擔任武官的劉家昌姊夫說「叫他去當兵」，以為他當兵後會收斂，那時他已經三十三歲了，當兵後卻變本加厲，更加的又敢又瘋。

皮建鑫曾任劉家昌的副導演，他說：「我二十三歲就跟著導演，他很聰明，我們都崇拜他，他做事的方法很特別，值得我們學。不過，他對法律和道德規範看得很淡薄。」劉家昌工作非常認真，當年住在國賓飯店後面的小旅館「百靈莊」，辦公在國賓飯店的「阿眉咖啡廳」，寫歌、開會都在那裡，他有個專屬座位，大夥每天在那裡集合，餓了就吃炒飯，他對屬下很公平、很大方。

一九六八年，劉家昌開始當導演，一九七二年的《晚秋》一戰成名，隔年的《愛的天地》獲得金馬獎優等劇情片、最佳電影原創音樂。一九七五年再以《梅花》贏得金馬獎劇情片、編劇、彩色影片攝影、非歌劇影片音樂、錄音等五大獎。「鬼才」橫掃國語歌壇、影壇。

甄珍在電影《海鷗飛處》裡彈著吉他，幽幽而唱。（李行導演提供）

香港電影雜誌《銀色世界》，常以甄珍為封面人物。
（© 香港銀色世界出版公司提供）

他在國外得知甄珍嫁給謝賢，像被雷電擊倒，痛不欲生，當時他說：「我幾近崩潰，活不下去，覺得自己無能窩囊，所有工作都無法做了，甚至有了去死的念頭。」一路看著劉家昌暗戀甄珍的皮建鑫說：「導演還是窮歌手時，有點自卑，自尊心又強，認識甄珍時，她只有十六歲，他不敢貿然追求，自認還缺乏展開追求的條件。一旦知道甄珍結婚了，已經是知名導演的他，後悔大意失荊州，整個人失魂落魄、借酒澆愁。奪人之妻乾脆明著來，哪怕他人批評。」

為何不早追甄珍，劉家昌曾說：「窮啊！我從韓國來台灣時，只帶了一包魷魚乾，那時候魷魚乾可值錢了，可以賣三千元台幣，是我的生活費和學費。我住在破飯店裡，晚上就抱著魷魚乾睡覺，深怕被別人偷走了。」

甄珍嫁給謝賢時，劉家昌已拍了二十多部電影，是中影的台柱之一。他在中影錄音室召集「劉家班」開會，大張旗鼓的規劃「搶妻大戰」。因為甄珍往返台灣、香港兩地，他指揮香港由張沖負責，台灣有白景瑞、劉維斌以及眾多幕後人員。大夥兒決定：第一，包圍甄珍，第二，隔離謝賢，第三，劉家昌展開能寫能唱的浪漫攻勢，趁熱拆散新婚夫妻，迅速贏得最愛。謝賢、甄珍渾然不知同林鳥將要各自飛。

甄珍常在電影裡常為愛苦惱，和謝賢的幸福婚姻後來也變調。（© 香港銀色世界出版公司提供）

連番誤會
謝賢痛提離婚

（右：梁海平攝影）

甄珍和謝賢婚後三個月，歡歡喜喜回台灣，一起拍攝瓊瑤小說改編的電影《一簾幽夢》。雖是瓊瑤電影的當家花旦，忙碌的甄珍只看過《一簾幽夢》的小說，認為故事曲折、情節感人。婚後，她行情不跌反漲，片酬三十萬港幣。不過，幸福美夢，迅速變成一場巨大的惡夢。

《一簾幽夢》的導演白景瑞是劉家昌的好哥兒們，讓劉家昌對甄珍夫妻倆的行蹤清清楚楚。他每天送花到片場、家裡，也派人時時靠近甄珍，小聲的說：「劉導演問候您好。」甄珍說：「劉家昌忽然變得很瘋狂，所有人都圍在我身邊幫著他追我。我的生活和工作一團混亂，幾乎神經錯亂。」

有一天，白景瑞吞吞吐吐的跟甄珍說，等一下帶她去吃中飯。可以不吃便當，甄珍很高興，跟著白景瑞到士林的福樂吃漢堡，她一進去，劉維斌坐在那裡，白景瑞吃完飯說：「我把妳下午的戲先跳開，你們聊聊。」過一會兒，劉維斌說，坐在這幹嘛？到他家去看他的編劇老婆。一到他家，劉家昌好端端的坐在那兒，讓甄珍進退兩難，只好大夥兒隨便談談。

甄珍印象深刻的說：「那天下午，副導演不知道白景瑞說我沒戲，到處找人，找不到，就打電話到飯店，謝賢沒戲，剛好接到，他說我一早就去拍戲了，副導演說，不對呀，她中午就不見了。下午四點，劉家昌送我回片場，我要他先下車，免得被人看到誤會。我坐到門口時，謝賢已經在那裡等我，我看到他就傻掉了，慌慌張張的下車，他還安慰我：『不講了，不講了，先拍戲。』」回到飯店，謝賢沒再問她去哪裡了，她據實以告，謝賢笑笑，沒說話，心裡多少有了陰影。

甄珍說，劉家昌緊迫盯人，讓她壓力很大，拍戲一個月後，她全身起風疹塊，「我臉上也長，還長在眼皮上，紅紅腫腫的，眼線都畫不上去，拍戲時只好用珠簾擋著眼睛，拍得朦朦朧朧的。白景瑞帶我去看病，針灸時，我一針就昏倒，把大家嚇死了，醫生說我是長期疲勞、心肺衰弱，心情不好才暈針。」拍完這場戲，她要求休假一個星期，回香港養病。外界卻說她是挨了謝賢一記耳光，痛哭一夜，把眼睛哭腫了。

回到香港，每天都有人送花到家裡，她和謝賢以為是影迷送的，後來謝賢發現不對勁，原來是張沖幫劉家昌送花。接著，甄珍為了連戲，寒天穿著夏裝在石門水庫拍戲，又得了急性肺炎而昏倒。她說，《一簾幽夢》是她昏倒最多的戲，簡直活不下去，「有人說我走了『木枯運』，就是大凶命，非常慘吶！」

片中，甄珍嫁給謝賢後，為避開秦祥林，兩人到歐洲生活。因為進度延宕，經費也不夠，隔年一月外景地點改到韓國，「沒有劉家昌，我和謝賢過得很開心，像以前一樣。冰天雪地裡，他把自己的紅夾克脫下來披在我身上，電影裡、海報上，我身上的紅夾克就是他的。」謝賢的愛心讓她甜蜜的記到現在。

謝賢的戲較少，有時只有甄珍在台灣拍戲，劉家昌幾乎天天到她家報到，跟章媽媽說要捧銀霞唱他做的〈秋詩篇篇〉，記者也日日報導他追甄珍的事，讓謝賢非常受不了。「《一簾幽夢》最後，我在電話裡和秦祥林告別，那場戲，導演拍大特寫，我說著說著，內心一陣酸楚湧上，眼淚簌簌的掉下來，那是發自內心的感受，戲外的情況太複雜、太痛苦了。」

她接著拍《愛有明天》，導演賴成英回憶：「甄珍對我說：『有一個人每天盯著我，纏得很緊，每天送一個蘋果、一朵花到飯店房間。』這個人讓她很煩惱，我可以感到她情緒不穩定，精神壓力很大，不知道怎麼辦才好。」

《愛有明天》裡，甄珍嫁給柯俊雄，秦漢也不放棄她。賴成英說：「戲外她也夾在謝賢、劉家昌中間，非常折磨。之前，謝賢導演《變色的太陽》時，我是攝影，拍完後，我帶妻小到香港玩，夫妻倆熱情招待我們，感情很好。《愛有明天》開鏡時，甄珍是謝太太，謝賢來台灣參加開鏡儀式，之後沒有再來過，戲殺青時，甄珍已經不是謝太太了。」

甄珍和謝賢分手，出於一個天大的誤會，她說：「我和媽媽去美國看爸爸，先到日本辦事幾天，劉家昌在台灣生病，全身無力發抖，打電話問王安妮我在哪裡？得知我在日本，再打電話問銀霞我住哪個酒店？銀霞說帝國飯店，他立刻甩下在身邊照顧他的女友，追到東京來。」

到了日本，劉家昌訂不到帝國飯店的房間，住在附近的王子飯店。晚上到帝國找甄珍母女，

（© 香港第一發行有限公司提供）

（© 中國星香港發行有限公司提供）

因為體力不濟而跪倒在地，還是抱著吉他唱〈為何不回頭〉。甄珍說：「那天晚上，我累得想睡覺，叫他快回去。」隔天一大早，他在大廳打電話說他要到房間來，甄珍說媽媽在房裡不方便，她自己下去，但是他還是跑上來，兩人在走廊相遇，一起坐電梯到一樓。

甄珍搖頭說：「沒想到，電梯到一樓，門一開，香港導演羅維站在電梯口，看到我們兩個在電梯裡，像是人贓俱獲，他眼睛圓睜、嘴裡的雪茄立刻翹上去，我就知道完蛋了，第二天，港台報紙的頭條全都是『甄珍和劉家昌在日本密會』！」這新聞讓在香港的謝賢大為震驚和尷尬，甄珍說：「我向他解釋，但這個不可思議的誤會，我跳到黃河也洗不清，他開始懷疑我！」

鬧了這麼大的事，劉家昌還是邀甄珍主演他導演的《日落北京城》，「結婚前，拍戲都是媽媽接洽，結婚後，我自己接戲。《一簾幽夢》後，謝賢堅決反對我拍劉家昌的戲。所以劉家昌邀《日落北京城》時，我告訴他要找謝賢談。我們三個人約在國賓飯店，謝賢直接問他為何公開說喜歡我、追求我？劉家昌解釋了一大堆，我也當場否認和劉家昌有瓜葛。」

那天，劉家昌對謝賢坦承愛甄珍十幾年，但是她現在是謝太太，這些愛會永遠埋在他心裡，但是永遠愛她，甚至期以來生，但今生不會再對甄珍有妄念，他也不會破壞兩人家庭，只希望在事業上合作。他也歡迎謝賢加入《日落北京城》。甄珍態度坦然，認為夫妻一起拍劉家昌的電影，可破除外界流言，如果不拍，好像有些作賊心虛。

劉家昌承諾不會破壞兩人家庭，但仍不停的追求甄珍。過去她拍李行、白景瑞的戲，連劉家昌的《梅花》都沒拍，「後來劉維斌告訴我一個內幕，劉家昌說，只要劉維斌幫他追到我，以後兩人輪流拍我的戲。」可是她只主演了劉維斌的《我心深處》、《真真的愛》，劉家昌一口氣邀甄珍拍了《楓林小雨》、《深秋》、《日落北京城》、《誓言》等七部戲。「我完全沒想到兩人有這樣的約定，很難不懷疑劉家昌當時的動機！」

劉家昌和江青離婚後，交了多位一線女明星。皮建鑫說，他心裡只認定甄珍是老婆人選，「他追甄珍時，特別交代大家：有女人打電話找他，一定要問清楚姓名，如果姓ㄓㄤ，要問清楚是哪個ㄓㄤ，『弓長張』不接，『立早章』一定要接通。那時候一位張小姐常打來，他就是不接。」

劉家昌的《梅花》獲得金馬獎五大獎，風光之至。皮建鑫說：「大導演追甄珍當然不再含蓄，見了面，他使盡渾身解數，什麼話都敢說，設下天羅地網。甄珍太單純，倉皇失措，不知道何去何從，像是掉進大蜘蛛網裡的小螞蟻，動彈不得，只能任人擺布。謝賢對台灣人生地不熟，完全處於挨打地位。」

為什麼不向謝賢求救呢？甄珍說：「我不敢告訴他有別的男人追求我，也不能和父母談，可商量的朋友一個都沒有，全悶在心裡，很可憐。」皮建鑫說，那時候的甄珍已經昏了，那個狀態，任何人都處理不了，「她本來就單純，事情變化得太快，今天她想說，明天又變了，她來不及說，也沒有機會說！真的很可憐。」

拍完《一簾幽夢》，甄珍又拍了謝賢執導的《大富人家》、《愛在夏威夷》，感情依舊，但她也在台灣拍其他導演的戲，劉家昌追她的新聞還是風風雨雨。香港好友沈殿霞叫她快回香港和謝賢團聚，可是她必須履約拍戲，不能一走了之。有一天，她接到謝賢的香港電話，「他說我都在台灣拍戲，不回香港。兩地媒體天天報導我們的新聞，這樣下去太痛苦了，就離婚吧！我聽了很難過，他怎麼不相信我呢？既然他已經提出來，我就答應了，請他確定時間後告訴我，我就回香港簽字。」

一九七六年六月一日，兩人如約在香港簽字離婚。劉家昌幫她買了機票，並派他的妹婿陪她回香港，美其名是沿途照顧，實則避免她變卦。抵達香港機場時，她看見謝賢一個人站在角落，她被幾位朋友簇擁著上車，「我直接入住半島酒店，劉家昌安排得滴水不漏，大家都沒有回頭路了。」

她和謝賢在律師樓辦理離婚，把結婚鑽戒還給謝賢，也把玫瑰新村留給他，「我傷他太重，這個時候，錢不是重要的東西，這也是我最後一次見到他。」不到半個小時，結束了六年的感情。按香港離婚規定，簽字離婚後兩年才生效。她提了兩只小皮箱回到台灣，劉家昌在松山機場欣喜的迎接她。

她感慨地說：「離婚主要原因是兩個人都愛面子。我是很隨和、很能忍耐的人，可是脾氣強起來，決定了就不改了。如果那天我直接跟謝賢回家，不要住飯店，兩人面對面的好好談談，解釋開來，想好方法，我相信不會離婚。唉，我那時候太年輕，不會處理事情。」

謝賢後來說，提出離婚，是企圖刺激甄珍回家，沒想到她真的答應。他多次難過的說：「離婚這一棍打得我太狠，把我打散了！」他否認打過甄珍，「我從追求她到分手，從來沒有大聲罵過她，更沒有打她，我是盡心盡力去愛去遷就她。」如果甄珍回來呢？他開出最寬大的條件：「只要我未結婚，什麼都不會追究，希望她回來。」

回首來時路，甄珍說：「離婚前，我們一直沒有機會好好談，他也沒有正面問過我什麼，更沒有吵架。離婚後，他也不出惡言，非常的君子，這樣的人非常非常少。」對打她的傳聞，她猜是在《海鷗飛處》、《一簾幽夢》中，謝賢都打過她耳光，可能因此而起，「總之，他沒打過我。哎呀，他哪敢啊！」

恢復單身後，她忙於拍戲，後來移民美國，也許是刻意不回想兩人的過去，連謝賢大她十一歲都忘了，偶爾想起他的大手牽著她的小手走遍大街小巷，甜蜜又刺痛的感覺，讓她屏息。「這是我一生最美麗的回憶，他一直對我很好，像照顧女兒般對我。離婚傷害了他，是我最愧疚的事，只能說兩人緣分沒了，什麼都擋不住！」

（梁海平攝影）

意外事件

毅然嫁劉家昌

甄珍和謝賢簽字離婚後，她回到台北父母家，獨自面對失婚的痛苦和委屈，還有海嘯般的輿論，抨擊她移情別戀劉家昌、對不起謝賢。她像是受傷的兔子，驚慌失措，情緒低落，也對種種謠言極為憤怒。這是台灣影壇「天之驕女」首次受到嚴厲打擊，離婚對她的內心和事業造成莫大傷害。

甄珍說：「我和謝賢離婚後，劉家昌也沒有把握我一定會和他在一起。」不過，劉家昌如虎添翼，緊迫的靠近她、安慰她、取信她，漸漸成為她的依靠。她說：「我住在家裡，劉家昌常到家裡來，抱著吉他唱歌給我聽，我們慢慢的談得來，走得近。」他還唱〈為何不回頭〉嗎？「不是，唱他剛創作的〈民國六十六年在台北〉！」

〈民國六十六年在台北〉是劉家昌電影《台北66》的主題曲，當時，中美外交關係急遽惡化，國難當頭，讓他有感而發。追求愛人時，懷抱理想，唱著愛國歌曲，這番情懷，倒是令軍人家庭出身的甄珍欣賞。不久後，她第一次拍了他的電影《秋詩篇篇》，工作讓她發現他的優點，也被他鍥而不捨的痴情感動。當時她說：「很多人不了解劉家昌，以為他吊兒郎當，其實他某些地方很保守，也很認真工作，我很欣賞他的單純和直率。」

為了劉家昌，她剪了他喜歡的短髮。當時的媒體報導：「甄珍決定和劉家昌交往時，做好心理準備，必須勇敢面對世人的譴責，但是她還是禁不起。面臨種種打擊，她精神崩潰，時而大笑，時而語無倫次，常把話題轉到另一頭。面對媒體像審問犯人一樣，她幾次仰頭大笑，心裡害怕，用笑容偽裝自己，讓愛她的人心疼。」

港台輿論極力抨擊劉家昌，說他手腕高，他要的女人，沒有追不到的，沒有人看好他和甄珍的感情。他不服氣的說：「大家在背後罵我，說我搶人家老婆，我的名譽和事業都受到影響，不要以為我不在乎，但是就是愛上了！」「我雖然和不少女明星要好過，真正在我心中占有地位的，只有甄珍。我這輩子只愛她一個人。朋友一致反對我和她在一起，真怪，我就是喜歡她，感情這種事沒辦法解釋。」

他也講過公道話：「我現在才知道謝賢是個好人，假如我們早點認識，做了朋友，整件事可能會不同，真的，他是位君子。」

過去甄珍和謝賢相愛、幫他拍片，如今和劉家昌在一起，也幫他拍戲，連拍了《楓林小雨》、《深秋》。拍《日落北京城》時，甄珍情深義重地說：「今後我只拍劉家昌的電影。」又拍了他的《誓言》、《白雲長在天》。劉家昌的戲有的急就章，只有大綱，演員要在現場配合他即興演出，有一次他當眾罵甄珍笨，氣得她立刻走人。她記得那天的狀況：「拍戲以來，我從來沒有被導演說過一句重話。劉家昌的戲，沒有劇本，在現場告訴演員說什麼，可是他每次說的都不一樣，變來變去，演員如何記得住？他自己都忘了。呵呵呵……」

一九七六年的聖誕節，甄珍開記者會，說明和謝賢已簽字離婚半年。除夕夜，她和劉家昌上電視節目宣傳《日落北京城》，在飯店受訪時，兩人目光在彼此身上，劉家昌意氣風發、暢言不止；甄珍恢復往日神采，話不多，大眼睛不停的流露出笑意，她說：「離婚後，發現劉家昌很單純善良、風趣幽默、大而化之、才華橫溢，是可以帶給我快樂的人。」

隔年，兩人到新馬隨片登台，《秋詩篇篇》電影票三小時售罄，這是甄珍第一次登台演唱，一場酬勞十萬美金，比拍電影輕鬆又快速。劉家昌當時說：「我寫過一首歌〈只要為你活一天〉，現在我要為甄珍活一輩子。」兩人一起去美國多次，甄珍買了房子，劉家昌規劃兩人將定居美國。

記者曾問甄珍，劉家昌過去的風流史不勝枚舉，她說：「誰都有過幾次戀愛，我不計較這些，只要他跟我在一起後，忠心於我就好了。」如果有一天劉家昌不忠實，怎麼辦？她說：「什麼也不辦，我立刻離開他，拒絕聽解釋，因為我連誤會都不允許發生。愛情不可能同時對兩個人產生，一旦不是獨一無二時，我連殘缺的那一份也不要了。」

一九七八年五月，劉家昌說，甄珍拍完《黃埔軍魂》，不再接戲，從此退出影壇，甄珍一口氣推掉七部戲，日子過得很快樂，陪著劉家昌幫《黃埔軍魂》配音、剪接、灌唱片等。但是軍方擔心劇情不符合軍校人事制度，需略微變動，甄珍和柯俊雄補拍些鏡頭，電影延到年底上映，沒想到出了大事。

甄珍的偶像是奧黛麗赫本，她本身也具備赫本的清麗。

一九七八年十二月二十四日，上午九點十五分，台北市忠孝東路四段的光復大樓外，有人墜樓，當場死亡。死者身上有一張卡片，上有谷名倫三個字，警方認定是知名男星谷名倫，當時只有二十九歲，以《日落北京城》獲得金馬獎最佳男配角，也是劉家昌旗下首席小生。

檢警單位認為，他的死亡，與《黃埔軍魂》得獎名單有關。在他墜樓的前兩天，國防部頒發陸海空軍褒獎狀給《黃埔軍魂》導演劉家昌、執行製片張法鶴，以及演員甄珍、柯俊雄、張美瑤、向華強等十位演員，獨缺谷名倫，使他鬱鬱寡歡，認為自己戲份僅次於男主角柯俊雄，是劉家昌惡搞他，一時想不開，跳樓自殺。

甄珍說：「四十年來，總有人問我是不是劉家昌逼死谷名倫的，我的答案都是『不是』，那是意外，不關劉家昌的事。谷名倫接了宋存壽的電影，有一場自殺的戲，他求好心切，認為跳樓比吃安眠藥有戲劇張力，所以到光復大樓勘景，有製片祖康陪同，幫他打開門。試戲時，他不慎摔下，手上都是抓痕。」她認定這是事實，始終為劉家昌澄清。她記憶深刻的說：「谷名倫過世後，很多人去看他的父母，谷家擠滿人，沒位子坐，劉家昌就蹲在谷媽媽身邊說話，媒體看到就說劉家昌下跪認罪。」

抨擊劉家昌的輿論排山倒海而來，三天後，柯俊雄召集演員和劉家昌的好友、學生開記者會，認為指責劉家昌不公平。劉家昌和甄珍沒有出席，隔天，兩人飛往美國，劉家昌在機場表示，無法承受輿論，精神壓力太大，出國休息幾天，很快回來。

甄珍說，那個時候，王昇將軍叫劉家昌先出國避一避。她覺得劉家昌被冤枉，受委屈，太無辜可憐，於是陪他一起去美國。「後來谷家給我們一封信，說明谷名倫是意外死亡，與劉家昌無關。但是已經太晚了。」剛好她的美國觀光簽證到期，劉家昌有美國綠卡，所以兩人決定結婚。她也希望婚姻能幫他扭轉形象。一九七九年一月二十四日，兩人在拉斯維加斯登記結婚。

再次結婚，甄珍的家人還是不知情。「媽媽不喜歡謝賢，也不欣賞劉家昌，但是有些樂見劉家昌讓我和謝賢離婚，等我嫁給劉家昌時，她更生氣。爸爸還寫給我一封信，措辭沉痛，說我嫁給劉家昌，勢必家破人亡，毀在這個婚姻裡。唉，沒想到爸爸早就預見這個婚姻是危險失敗的。」

同年的三月二十五日，兩人在洛杉磯宴客，沒有通知甄珍的家人。甄珍一頭大花捲髮，穿了白色禮服，美麗典雅。回想兩次結婚，她說：「我在電影《新娘與我》、《婚姻大事》好多片子裡披婚紗，真實世界裡卻沒有穿過婚紗。唉，我倒是不以為意啦！」哪個女人結婚不想穿婚紗呢？她的語氣中有著遺憾。

「我厭倦拍戲時，謝賢向我求婚，剛好媽媽不在身邊，我就答應了。想和謝賢好好過日子，偏偏出現了劉家昌，誤會和輿論，讓我們離婚了。和劉家昌在一起，日子才好一點，又發生谷名倫的事。我們走避美國，也沒人叫我們回來，剛好我的簽證到期，就嫁給劉家昌。我的兩次戀愛，都談不上刻骨銘心、至死不渝，大概除了瓊瑤小說裡有那種愛情，平常是可遇不可求的。」

八月時，甄珍的父親在舊金山因腦溢血昏倒，弟弟胖子接到醫院電話立刻趕去，但已回天乏術，享壽六十四歲。銀霞說：「我爸爸有家族性的高膽固醇，總是不吃藥。我和媽媽在台灣，姊姊在洛杉磯。爸爸的驟逝，對我們是青天霹靂！」

兩次婚姻得不到父母認同，甄珍感到愧對父母，「他們從不希望我嫁給達官顯要，只要是工作、品德好的人，能讓我生活安定、婚姻幸福。可是，我都沒有做到，無法讓他們放心。如果不到美國，我未必會嫁給劉家昌。但是，我的人生多半身不由己。」

一九七九年，甄珍在美國結婚宴客，一套白色禮服，代替了婚紗。

甄珍和謝賢拍完《海鷗飛處》後，偷偷公證結婚，只穿了便服，但甄珍在戲裡提前披了婚紗。（上下圖均為李行導演提供）

《婚姻大事》與秦祥林。
（© 香港第一發行有限公司提供）

《新娘與我》與王戎。

《珮詩》與柯俊雄。
（© 星光聯盟影業（北京）（郝總）有限公司提供）

在多部電影裡披過婚紗的甄珍，真實世界裡卻沒有穿過婚紗。

拍片辛苦
如願告別影壇

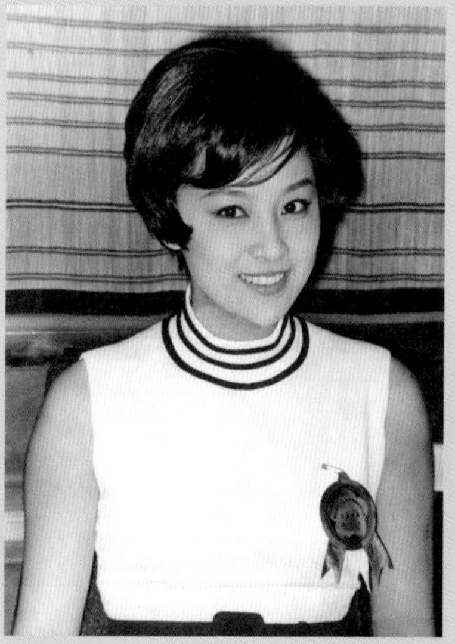

甄珍十六歲入行，十七歲主演第一部電影《天之驕女》，三十一歲拍完《黃埔軍魂》，十四年共計八十部，極為多產。跟劉家昌避居美國洛杉磯後，生活由絢爛歸於平靜，開始嚮往已久的恬淡生活。

連續多年，甄珍一年拍十部戲以上，同時軋三、四部片。她說：「以前媽媽接戲，很多是導演和片商拜託，媽媽不忍心拒絕，有的狠心推辭，又得罪人。人在江湖、身不由己。實在沒有辦法。」

她有過三次不再拍戲的念頭。第一次是一九七一年在香港被選為十大明星，當時她透露只想再拍兩、三年。「那時候，我感到拍戲是一種很膩的日子，以前我沒有娛樂的機會，習以為常的接受日以繼夜的拍戲。和謝賢交往後，我覺得過去有些浪費青春，希望生活輕鬆一點。」

第二次想息影是和謝賢離婚後。除了厭倦拍戲，還有輿論攻擊、影迷不諒解、圈內人刻意打擊、見縫插針。「和謝賢結婚後，我仍在拍戲，感覺永遠還不完片約，前面的戲沒拍完，就接了新戲，前面的結束了，後面的戲變成前面的，後面又有了新的戲，一部一部永無盡頭，身心俱疲。」為了讓片商知難而退，她故意開出高得離譜的片酬。

第三次就是《黃埔軍魂》之後。定居美國四個月時，甄珍應媒體要求，寫了一封親筆信，她說在美國心情恬靜，不過谷名倫的驟逝，對她衝擊很大，不能說太多，不然越弄越糟，只有等水落石出。「從小我就喜歡單純的生活，可是踏入水銀燈下就平靜不下來。我現在真的自由了，想到今後沒有工作，心情太美妙了，沒有工作壓力，對生活有更多美好的感受。以前拍戲是為了好玩和賺錢，現在應該做點女人的事，就是結婚，安定下來。」

信中她說，她和劉家昌常在暮靄中看著倦鳥歸巢，勾起鄉愁，「劉家昌的事業在台北，肯定過些日子會回去，但他知道我討厭水銀燈下的生活。他安慰我，他回台灣絕不拍戲，只在美國拍。他問我肯復出嗎？我點頭又搖頭，點頭是願意幫他，搖頭是我不想大家再把我當明星，我只是個演員。我演戲是為了我丈夫，而且在不影響我日常生活之下。」道盡她對劉家昌的深情，不惜再為他拍戲。

她常說，從來不覺得自己有多漂亮，能夠拍戲，就是僥倖兩個字。很多人羨慕她燦爛的明星光環，她笑說：「拍戲很辛苦啊，日日夜夜的，吃也沒得吃，覺也沒得睡。」因為拍戲忙，她沒空看自己演的電影，笑稱「貨物出門、概不負責」。印象中只看過兩部，一是在香港看《彩雲飛》，戲裡鄧光榮第一次看到她時，她穿著白色睡衣彈鋼琴，發現鄧光榮在身後，立刻消失，台下觀眾太投入，驚呼「鬼來嘓」！另一場是《一簾幽夢》，謝賢抱著吉他對她唱歌，氣氛浪漫，可是一出口竟是劉家昌的歌聲，全場哄堂大笑，「大家熟悉劉家昌的歌聲，和謝賢太不配了，很爆笑。」這兩次經驗，讓她印象深刻。

和謝賢戀愛後，甄珍就不想拍戲了。（梁海平攝影）

《銀色世界》舉辦的十大明星票選，連續多年，甄珍都是女明星第一名。（梁海平攝影）

她出道早，走紅快，報紙報導，她十八歲拍《遠山含笑》時，有一位女演員嫉妒她，慫恿其他人鬧事，並拿彈弓打她的腿，紅紫一大塊，她嚇壞了，導演林福地氣得大罵：「甄珍很乖，其他人嫉妒，欺負她。」她說，這件事她有印象，可是不記得是誰打的了。

拍戲最苦的是出外景，要選好天氣、大太陽，從天亮拍到太陽下山，一整天在太陽底下。「那時候不懂得防晒，也不撐傘，現場還有反光板打著，皮膚受傷就算了，眼睛還要睜得大大的，那麼強的光，多傷眼睛啊。現在老了，眼睛毛病都出來了，很慘吶！」

她在香港拍《哈哈笑》時，氣溫只有八度，夜裡在山頂上拍戲，「那天風很大，很冷，還要拍下大雨的戲。用救火車灑水，灑完了，車子下山載水，我就全身濕著等車子來，等了四十多分鐘，我冷到快要昏過去。車子來了，才用拍戲的大燈照著我，幫我取暖，身上烤出許多白煙來，真的很可憐喔。」她有懼高症，拍武俠片，站在高高的房脊上，兩腿發軟，只能先跪著，俠女怕得頭發暈。

《落鷹峽》在高雄「月世界」的荒山上搭景，拍了一個多月，「那裡沒有廁所，就挖了一個洞，旁邊搭上兩個板子，是大家的廁所。糞坑裡面、附近都是蒼蠅、蚊子、蛆，又髒又臭。可是也不能不上啊，只能捏著鼻子。中午的便當是台南送過來的，路途顛簸，打開來，裡面都是沙子，怎麼吃呢？可是不吃就要餓著。唉，大熱天還穿著大棉襖，受罪啊！」

甄珍說，拍戲最苦的是出外景，一整天在太陽底下，拍沙龍照時都看得出脖子上的晒痕。
（梁海平攝影）

她和謝賢到韓國拍《一簾幽夢》，住在鄉下的民宿裡，白雪靄靄，景色優美，可是到了晚上就不美了，「房間裡沒有廁所，要到很遠的地方，外面又黑又冷，我憋了很久，只好推開門，在門口尿尿，也不敢告訴謝賢，我也不知道他是怎麼解決的。」

她身體不好，拍戲勞累，常常生病。打從《新娘與我》紅了，她的片約接踵而來，一九六九年到馬尼拉參加亞洲影展，回台後得了肺癆，但是接了好幾部戲，其中李翰祥的《四季花開》、李行的《群星會》都要唱歌舞蹈，格外辛苦。「拍戲不像一般工作可以請假，這場病拖了八個月，每天咳咳咳，瘦了很多，還打類固醇，醫生說不注意的話，類固醇會讓肚子變大，所以我現在肚子這麼大，呵呵呵。」把大肚子賴給類固醇，不過還真的有點可能。她還透露一個小祕密：「我是扁平足，比較容易痠痛疲勞。」

她多次拍戲受傷，「演《鳳陽花鼓》時，王沖不小心用碗打到我的門牙，從裡面掉了一小塊，好在看不太出來。拍跳舞打鼓的戲，我跳起來落地時扭傷腰，躺了八個月，埋下病因，到現在還痛。在武俠片《雪嶺劍女》，一位演員使劍，一下就戳進我大拇指的指甲裡，痛得不得了，拍完戲，到醫院把指甲剪掉一半。」

電影裡，她經常和男主角在美麗的場景裡搞浪漫，卻也暗藏危機。一九七六年，她和秦祥林在野柳拍《微風細雨點點晴》，不慎滑落兩丈深的懸崖，好在她反應快，抓著野草，沒有繼續

《落鷹峽》的主角群，從左至右為：楊群、甄珍、陳莎莉、孫越。

《雪嶺劍女》巧笑倩兮的女主角，誰也
看不出拍片時受的磨難與受傷。

滾落，不然就被巨浪捲走。她在亂石中昏迷了五分鐘，額頭和手腳都擦傷流血，到醫院稍做包紮繼續拍戲，丈夫謝賢還從香港趕到台灣探視。

最讓她印象深刻的是《愛有明天》，「柯俊雄演我的先生，有時正常，有時精神病發作，他拿刀殺兔子，真的殺活生生的兔子，我聽到兔子嘰嘰叫，嚇得毛骨悚然，後來他要殺我，把我擠在牆角，他拍戲向來很激動，把我的頭撞上牆，我真的昏了，心想一定要一次拍完，不能再拍第二次，忍著痛，最後尖叫一聲跑開。哎呀，柯桑拍戲都是來真的！」

拍完《黃埔軍魂》，她和劉家昌都說不再拍戲。可是，到了美國，又拍了《揹國旗的人》，一九八二年起，陸續主演《寒江秋水》、《風水二十年》、《聖戰千秋》（又名《我是中國人》），以及柯俊雄執導的《我的媽媽》。每當有人問她拍戲到哪一年？她總說一九七八年，只算到《黃埔軍魂》為止。後面的五部戲呢？她說：「哎呀，別提了。」不過，其中四部戲，也見劉家昌試圖轉型的雄心。

息影三十五年，不斷有人邀甄珍復出，她不為所動。三十年前，秦漢對她說：「妳該繼續拍戲。」因為他覺得演員三十歲後才是思想、內涵最成熟的時候，人生的歷練讓演員更知道如何表達角色的個性。甄珍是認同的，「可是，我沒有事業心，當初演戲是無心插柳，我覺得自己像公務員，每天上班去拍戲，拍完就回家，不覺得自己是明星，只想著把事情做好，從來不爭名好鬥。這麼久不演戲，很難控制眼神；大陸老演員的眼神、氣韻那麼精準充沛，因為他們一直在演戲，我沒有那個雄心壯志。」

不過，看到現在的演員拍戲，後面有助理、經紀人、化妝師……她笑說：「我的年代，得自己提化妝箱、服裝，搭公共汽車去片場。我常想，生在現在有多好啊，可以享受當明星的滋味。」

甄珍至今拍了八十五部電影。她從小學芭蕾舞，初中學民族舞蹈，也是交際舞、流行舞的高手。最遺憾沒有在電影裡跳過芭蕾舞。在國聯時，同事帶她到中央酒店夜總會，「我和江青都會跳舞，也愛跳舞，兩個人組成一組，跳快三步，跳著跳著，舞池裡只剩下我們倆，大家都在看，我們開心得滿場飛。」回想飛舞的快樂，她的大眼睛也舞動著，閃閃發亮，那是她少女時代少有的瘋狂歲月。

她恬淡的說：「我沒有戲癮，也不戀棧明星光環，我的人生哲學就是隨遇而安。不過，我很懷念拍片的歲月，大家都對我很好，相處得很愉快。在國聯時，我每個月去公司領薪水，大家圍著我閒扯，沒大沒小的，很快樂。有過這些美好，足夠了。」

白天做工
晚上充當貴婦

（左：梁海平攝影）

甄珍定居洛杉磯，洗盡鉛華，搖身變成家庭主婦。剛到美國時，她和朋友聊天，興奮的報告：「我們家好大好大，有大花園，門前是寬廣的草坪，就像劉家昌電影裡的場景，他把鋼琴、音響放在客廳，非常氣派。」

甄珍買了 Anaheim Hills 的房子，兩千八百平方呎，是新的大社區，在比佛利山南邊。當時她說，她最大的志向是結婚、走進廚房。「每天一大早起來，到菜市場來回就個把鐘頭，下午看看書，晚上看看電視。一整天就這樣過去了，輕鬆的迎接明天。」她沒做過家事，美國請不到幫傭，只有修剪樹木的工人。她一手包辦採買、打掃、做飯……最拿手的是牛肉麵加蛋，慢慢的菜色也多了。

「甄珍很體貼，吃飯時，總是先把蝦頭摘掉，蝦殼剝了，蝦肉放在小碗裡給劉家昌，他也吃得理所當然。」林青霞在文章中說，甄珍對於超級巨星的光環不留戀，只想做一個好女兒、好姊姊、好妻子、我們的好朋友。

劉家昌裝修房子，工人一大早來，甄珍必須七點開車到專賣建築材料的大賣場買水泥、邊條……「水泥很重，何況是七大包，我一包都抬不起來，也沒人幫忙。我先把推車推到水泥旁，一包包的用力推進推車裡，再費盡力氣的推到車子旁，簡直喘不過氣，再請人幫忙抬上車。」她笑說：「到了美國，我白天是工人，晚上是貴婦，陪劉家昌去應酬。我也很意外自己可以做這些，沒有絲毫不適應。朋友說我是丫鬟命，就是要服侍別人。」

銀霞說，媽媽到美國看姊姊，一摸她的手就難過，因為寶貝女兒的手好粗，心疼她一個人理家，太辛苦了。甄珍說：「雖然勞累，但是沒有拍戲的壓力，生活自在，還是比日夜拍戲好。」母女連心，再多的不愉快，還是和好了。

甄珍很小的時候，父親教她英文，初中得過英文演講比賽冠軍。到了美國，她卻不說英文，看到老外就躲，盡量不和他們來往。英文書信、報稅等，都交給弟弟胖子。「我買東西，直接拿出一百美元，讓人家找錢。朋友問我，住在美國那麼久，英文一定很棒吧？我都說，在美國要講英文嗎？呵呵呵……」

不過，劉子千爆料，媽媽的英文沒有那麼差，只是懶得說，急了照說不誤。「有一次，她開車被警察抓，緊張的說了一長串，說得很溜、很清楚，先解釋再道歉，警察都聽懂了，最後同情的放了這位漂亮的東方太太。」甄珍聽了哈哈哈，很得意。

中華民國一九七一年退出聯合國，一位來自台灣的工程師，穿著繡有中華民國國旗的衣服，在紐約聯合國大門前抗議，劉家昌看了這則新聞，決定要拍成電影。一九七九年，他在美國開拍《揹國旗的人》，美國擔心刺激脆弱的兩國關係，不發簽證給台灣的工作人員，劉家昌安排他們改用巴拉圭簽證，過境洛杉磯時非法入境，也就是跳機。

《揹國旗的人》男女主角是老搭檔柯俊雄、甄珍，演員有華芳、上官明莉、侯傑、素珠……以及中外得獎無數的音效大師杜篤之等技術人員。當時已在洛杉磯的副導演皮建鑫說：「美國海關問素珠要去哪裡？她把巴拉圭說成『擦拉圭』，她不知道已經到了美國。他們住進過境旅館，我和甄珍開車接他們。」其中，上官明莉被飯店保全盤問，一直無法從飯店出來，劉家昌說再等十五分鐘，她不出來，就要皮建鑫把保全幹掉。

皮建鑫說：「美國有槍是合法的，那時刻很緊張啊。我正要上去時，遇到張帝的二弟，我們聊了一下，上官明莉就出來了，哎呀，差一點就鬧出人命了！」

工作人員陸續出來，甄珍和皮建鑫分別開車把他們接到家裡，甄珍說：「我剛好從歐洲買了很多新衣服，劉家昌把這些衣服偷偷掛在另一個房間裡。劇組一進來，他說，快去挑衣服，他們一個個捧著衣服出來，跟我說謝謝，呵呵呵……我還要說不客氣。」第二天，她和皮建鑫輪流開大巴士，一路開到紐約，拍了一個多月。

電影拍完了，當時的新聞局長宋楚瑜不准上映，也處分演員停止拍戲半年。甄珍到新聞局向宋楚瑜陳情，「他見了我，揮手說沒有用，你們不要走後門。我說，劉家昌派我從大門進來的，沒有走後門。戲不上映沒關係，但是演員要吃飯，禁演怎麼賺錢生活呢？」《揹國旗的人》新聞鬧得很大，票房卻慘淡，主題曲是大家耳熟能詳的〈中華民國頌〉。

甄珍到美國時，帶了八十萬美金，在當時是很大的一筆錢，她還帶了些珠寶，幾乎把所有積蓄都帶來了。當時洛杉磯的房子便宜看漲，她開始投資房地產。「劉家昌有藝術天分，前前後後看了上千件的樣品屋，很用心的研究老美怎麼設計裝潢房子。我開始買房子，自己住，裝潢一下，再賣掉，賺點錢，再買偏遠一點的房子住，漲了就賣，買賣之間有賺有賠。」

一九八一年，好萊塢中國戲院旁的老人院改裝成飯店，取名「甄珍大飯店」，資金由甄珍貸款，抵押珠寶。飯店裝修得美輪美奐，許多影迷慕名而來。不過，劉家昌不懂經營管理，也不相信專業，甄珍更不會做生意，飯店賠錢。甄珍搖頭說：「影迷來住，希望我們給折扣，我趕快問會計：『七折好？還是八折好？』我搞不清楚哪個折扣對客人好，會計說七折，我就給七折。」

到現在，甄珍還是常被折扣搞迷糊，在國外看到「20% off」、「30% off」，她就愣半天，想想這是多少錢，推算好一會兒，才確定30% off是打七折，比20% off的八折便宜。她說：「經營管理我不行，又沒數字概念，敲計算機三遍，會出來三種不同數字。」美國是小費國家，算數不好，怎麼給小費呢？「我問人家啊，人家說二十，我就給五十。」她在台灣、香港也大方給小費，餐廳老闆、服務生見了她莫不熱情招呼，因為她是大方又親切的好客人。

皮建鑫說，飯店經營不善，貸款還不出來，劉家昌乾脆去賭場，免得看了心煩。有一天，遇到一位泰國華僑，是他的粉絲，聊著聊著，華僑想投資生意，問他可不可以看看「甄珍大飯店」？結果看了很喜歡，真的入股。拿到股東的錢，劉家昌在洛杉磯拍了《寒江秋水》，甄珍飾演廣播主持人，演員有銀霞、張魁、胡燕妮、嘉凌、潘安邦，這也是甄珍和銀霞唯一合作的電影。

皮建鑫說：「飯店還是賠錢，劉家昌和甄珍去香港拍電影，泰國股東也跑了，剩下我一個人等著銀行來查封。」

甄珍先在香港拍《風水二十年》，主要演員有秦漢、柯俊雄、歸亞蕾、胡慧中、關山、關之琳。片中穿插劉家昌的演唱會，象徵當時的香港社會，與會的大牌明星金漢、何莉莉、李菁……皆在電影中出現。這部電影，上映時間比《寒江秋水》早，成為甄珍的復出之作。凌波在《風水二十年》飾演秦漢的姊姊，有趣的是，三十五年後，凌波和甄珍都說一生沒有合作過，金漢也言之鑿鑿：「沒有沒有，我們和甄珍沒有拍過戲！」因為他們沒和甄珍對戲，事後也沒看過這部電影。

一九八三年，劉家昌回台灣拍抗日戰爭片《聖戰千秋》，連帶拍了電視劇版《我是中國人》。演員有甄珍、秦漢、柯俊雄、石雋、陳觀泰等。相同的，甄珍和石雋再見面時，也堅持沒有同片過，看到當年海報，才恍然大悟，也是金馬獎終身成就獎得主的石雋說：「我們兩個沒有直接對戲，所以我不知道甄珍也在其中。」

《寒江秋水》是甄珍和銀霞姊妹倆唯一合作的電影。

左：甄珍和石雋都是金馬獎終身成就獎得主，兩人曾合作《聖戰千秋》。

右：甄珍在美國時，巧遇導演賴成英。

甄珍之後在香港拍了柯俊雄導演的《我的媽媽》，呂良偉飾演她的兒子，兩人因此成為好友，至今呂良偉都親密的稱她「媽媽」。甄珍說：「這是我的最後一部電影，很榮幸認識了呂良偉，他的太太小娟漂亮又能幹，夫妻恩愛同心，事業很成功，對我與子千非常好，處處支持我們。我發現，成功的人，都有個幸福的家庭。」

甄珍復出後的四部片皆改變戲路，分別飾演離婚婦女、大陸妹、抗戰女青年、母親，依照角色打扮，不再是文藝片裡的美麗女子，化老妝、穿著土氣，演技更見純熟，可惜票房不佳。甄珍笑說：「人家都罵我笨，嫁雞隨雞，嫁狗隨狗，心甘情願的拍戲。」

外界感慨甄珍的兩任導演夫婿、兩次婚姻，斷送了她的演藝生涯，以她當時的聲勢和演技，勢必能再擔任十年的女主角。皮建鑫說：「台灣文藝片後，多了武俠片、鬼片、社會寫實片。甄珍的戲路很寬，又沒有偶像包袱，轉型不是問題。劉家昌不了解台灣的電影環境已改變，成了盜版的天下，票房都不好。」

劉家昌拍《聖戰千秋》時，預算兩千四百萬台幣，片商只付了一半，跳票不拍了，他賠錢拍完。就像他的歌詞「時光一逝永不回，往事只能回味」，電影已不是他的時代。一九八四年，甄珍才如願走出水銀燈。

甄珍在香港拍柯俊雄導演的《我的媽媽》，呂良偉飾演她的兒子，兩人因此成為好友，至今呂良偉都稱她「媽媽」。（呂良偉提供）

由左至右：劉子千、呂良偉、甄珍、呂太太小娟、王安妮、徐紀琤。

丈夫豪賭
甄珍為子離婚

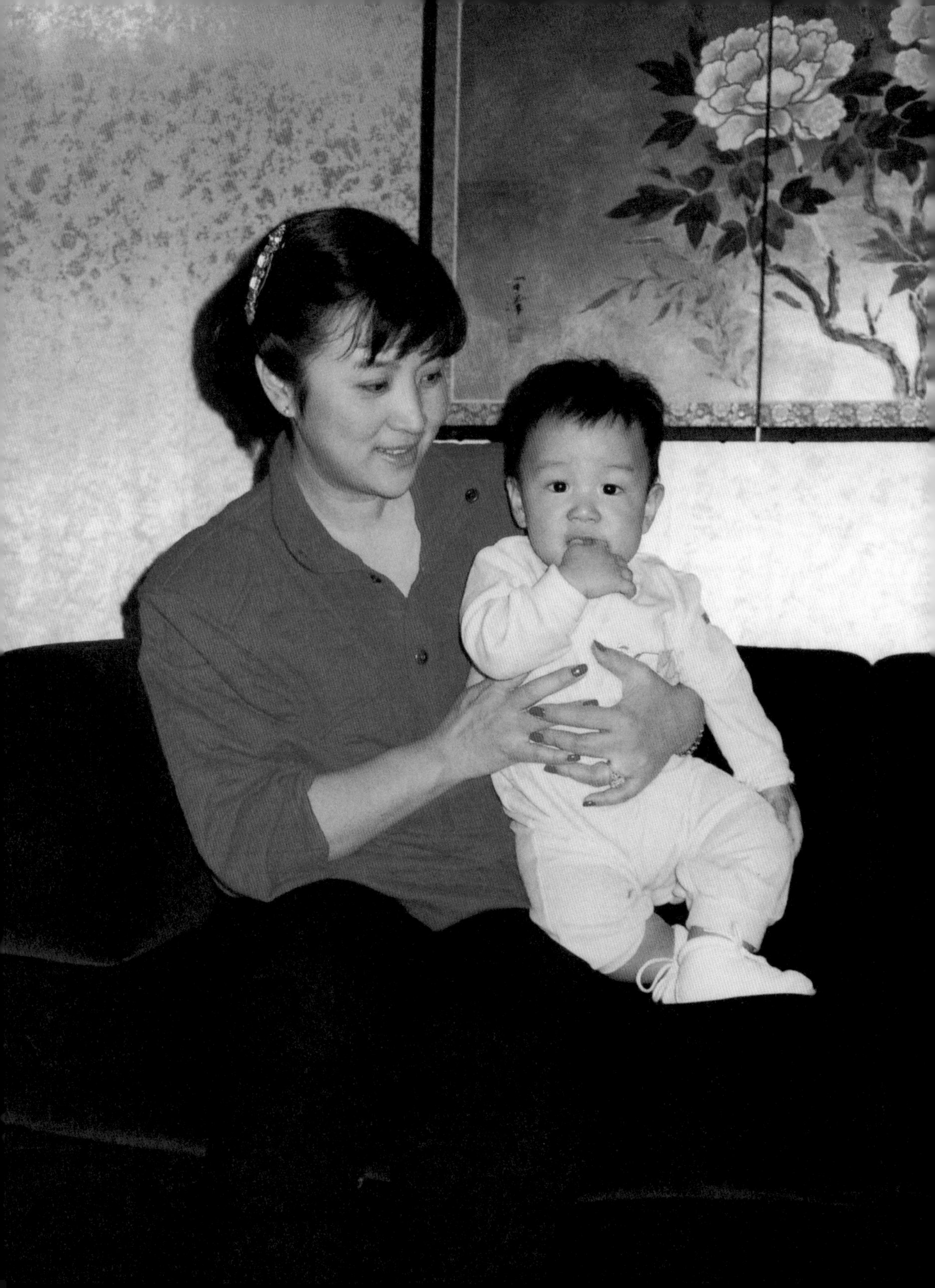

定居洛杉磯後，劉家昌常去賭場。飯店倒了、電影票房差，精力過剩的他心情苦悶，轉而在賭博上消耗精力、一擲千金，後來變成豪賭，家庭生活陷入困境。

甄珍說，去美國前，只見劉家昌打打麻將，也不知道江青曾公開說他嗜賭。「我們最早去賭場時，玩個兩、三百美金就離開。到美國兩年後，他經常幾天不回家，我想他去賭城了，打電話查賭場飯店電話，可是英文不好，說不清楚他的中文和英文名字，不知道他的房間號碼，總機轉來轉去，很難找到他，後來才知道他是到處住。」

劉家昌有時輸幾十萬美金，有時幾百萬。當時的報導說，朋友問起他的賭債，甄珍替他緩頰，表示輸的是小數目，朋友說，當劉太太不容易，因為劉家昌的主意多，上午一個，下午一個，太太跟都跟不及，而且他朋友太多，三教九流都有，愛說話又亂罵人，口無遮攔，常得罪人，甄珍不得不幫忙安撫收拾。

甄珍說，有一次兩人和朋友去賭城，她開車，才到飯店門口，劉家昌就拉著朋友衝進去，她一個人搬三個人的行李，難過的想：「這麼急著賭錢嗎？」

劉家昌在賭城流連忘返，不回家的次數越來越多，甄珍常深夜開車找他，有一次在小機場的停車場，看到他的車，原來他搭小飛機去賭城。她氣得想放輪胎的氣，想想到時候還是要來接他，就用膠帶在車窗上貼個大叉叉。「他回家也不吭聲，過了好幾天，我問他到哪去了？他粗聲粗氣的說，去看房子。我回他說，別騙了，是誰在你車子的玻璃上打個大叉叉？他看騙不過了，才乾笑幾聲。」

好幾次，劉家昌騙她去北加州看房地產，其實一早搭飛機去賭城，搭最後班機半夜回來，「我問他，天天跑出去幹什麼？他又凶巴巴的說，看地，不要賺錢啦？我回他，半夜看地，你去找墳地啊？」

劉家昌輸錢還不出來，被賭場拒絕，就用甄珍的信用額度。付不出錢時，賭場就打電話給甄珍。她說：「這麼多年，我幫他還了數千萬美金。我也狠過心，不幫他還債，他就軟硬兼施。他輸這麼多錢，也痛苦後悔，寫了很多悔過書，疊起來一大落，還寫過『戒賭』兩字拍照存證，可是『戒』寫成『戎』，少了一豎，這還戒得成嗎？」

有一次，劉家昌從她銀行帳戶領走十萬美金，她問他怎麼領走的？會畫畫的他說，自己畫了一張維妙維肖的支票，模仿她的簽名，她覺得不可思議，但也不忍心檢舉他。如今想想，她覺得應該是他直接「拿」了她的支票，然後模仿簽名。「我的支票都藏起來。唉，防不勝防，他做的事都是天方夜譚。」

皮建鑫說，劉家昌在台灣忙慣了，到美國太閒，太無聊，不適應，日子苦悶，所以賭錢。「賭是天性，也是一種病，贏了，有自信，一定繼續賭；輸了更要賭，那將是爛賭、窮賭，只有一百卻賭兩百！」

一九八五年，劉家昌為了賺錢還債，在新加坡登台三十二場，他一個人唱，不說話，一小時唱了十八首歌，酬勞一百萬港幣，讓他感到賺錢太辛苦，發誓不賭了。接著他出唱片、開演唱會，賺了一千多萬台幣，還是補不了他的大賭洞。甄珍說：「有人說劉家昌『小鳥啄食、大象拉屎』，呵呵呵……就是贏錢像小鳥啄食，很少；可是輸起錢來就像大象拉屎，噗啣噗啣，一大坨。」

結婚以來，劉家昌一直想生個兒子，覺得兒子比女兒好玩；甄珍認為兩人的狀況還不適合有小孩。一九八五年九月，銀霞和小姪子在台北住院，甄珍因月事不順，順便在醫院驗血，護士小姐當場恭喜她「有喜了」，她說怎麼可能？護士回「鐵證如山」，她還是不相信，「我什麼都沒做啊！」再到另一家醫院驗血，答案一樣，三十八歲的她懷孕了。

為了胎兒健康，甄珍卯起來進補，大吃蛋白質食物，她最瘦的時候四十二公斤，懷孕前五十公斤，最後胖到八十，腳從五號半變成八號，母親疑心她懷了雙胞胎，甚至三胞胎。她說：「懷孕八個月時，我去超市買菜，有個中國人看到我，和朋友說：『那個人好像是甄珍』，另一個說：『不是她啦，甄珍鼻子哪有那麼大』。哎呀，我真是醜得要命，整張臉只看到一個鼻子，卻覺得很光榮，只要能補到胎兒，哪在乎美醜。」

她在洛杉磯待產，搬家到 Laguna Niguel 新房，「我每天都很快樂，因為愛上肚子裡的小寶貝。」一九八六年四月二十一日，她以三十九歲高齡，剖腹生下子千，重九點七五磅，五官都像她，也有深深的酒窩。「我到嬰兒室去看他，是個巨嬰，一張大臉，第二天，多了一個老墨的小嬰兒，臉比他還大，呵呵呵……」

生產後，甄珍想瘦下來，刻意買了一件懷孕前尺寸的禮服，運動三個月，體重絲毫未減，為專心照顧劉子千，她只有放棄瘦回來的雄心。「我以前穿四號衣服，後來穿到十四號，甚至十六號。名牌衣服沒有我的號碼，這樣也好，省錢了！」老來得子，她全然付出，有人說「女本為弱，女因子強」，她感到真有道理。「有了子千，我變得很堅強。每天照顧他，非常開心。」

劉家昌四十四歲再當爸爸，很愛子千，但是賭性難移，在賭場一住就是三個月，一年幾乎十個月不在家，並且常對甄珍言語暴力。甄珍說：「我從來不和人吵架，劉家昌乒乒砰砰的罵人，我就隨他吵，罵一陣子，他就走了。可是我也有話要說的時候，但嘴笨，只好先在房間裡想好一二三四點，然後走到客廳，才說：『我跟你說……』他就劈里啪啦，連續飆出三字經、四字經，我就傻住了，也忘了要說什麼，氣得轉頭回房。」

看著子千一天天長大，她越發擔心劉家昌萬一賭得傾家蕩產，她和子千怎麼辦？到街上喝西北風嗎？一九八七年，她接受訪問時說，以前一點都不想出來演戲，現在想法改了，「一切為了兒子，我該為他去賺錢存錢，讓他生活得更好，受最好的教育，為他，我會做一切事情，不要說演戲，賣菜我都願意。」

有一天，她鼓足勇氣，對劉家昌提出離婚，「我告訴他，有了孩子，他這樣賭，孩子還小，我太緊張、太害怕了，沒有安全感。離婚，債務不會拖累我和孩子。他想想就答應離婚了。」那天是一九八七年八月三十一日，子千一歲多，曾經驚天動地的戀情，婚姻只有八年七個月。

兩人離婚，約定對外保密。甄珍說：「我希望給子千完整的家，而且也顧到大人的面子。當初和謝賢離婚，再和劉家昌結婚，鬧出那麼多新聞，最後又離婚，實在太難看了。不公開離婚，沒有人知道我單身，也不會有人追求我。這是我給自己的懲罰，也是兩次婚姻失敗的代價。」

甄珍說，謝賢溫柔體貼，很愛笑，但是話不多；劉家昌風趣幽默，可是後來賭錢，變得很霸道，還滿口髒話，不讓別人說話，「對他來說，賭錢沒錯，可是家人完全沒辦法過日子。」皮建鑫說，劉家昌的家庭觀念很淡泊，和原生家庭也沒有享受過家庭溫暖，和「劉家班」反而像一家人。

離婚後，劉家昌依舊很少回「家」，這時甄珍已經不在乎。「只要他不回來要錢，賭場不催帳，我就是個無憂無慮的人了。」

甄珍以三十九歲高齡，剖腹生下兒子劉子千，五官都像她，也有深深的酒窩。晚來得子，她全然付出，變得很堅強。

看著兒子一天天長大，為了兒子，甄珍願做一切事情。

母子相依
快樂的二十年

甄珍是標準的巨蟹座，愛家戀家，從小為家拍戲賺錢，婚後以先生為重。三十九歲當了媽媽，全心全意都在劉子千身上，渾然忘了自己。

由於家中沒幫手，她找了一位墨西哥太太幫忙坐月子。生產前，那位太太突然有事不能來，把她急壞了，「我媽媽帶著銀霞趕來，劉家昌的家人、朋友也來了，家裡每天高朋滿座，我要招呼他們和照顧子千，又急又累。那時起，我才知道當媽媽多麼辛苦，多麼不容易。」

「子千落地的第一天，我的人生全然改變。以前很自由，想做什麼做什麼，有了他，我每天睜開眼睛就想到他，滿腦子都是如何讓他健康安全，全心全意、每分每秒都付給他。一直到今天，凡事以他為先，原來的我早就不見了。」在她旁邊的子千聽了這番話，笑嘻嘻的說：「老媽，真不好意思。」

過去甄珍大咧咧的，當了媽媽後變得神經緊張，「子千還是嬰兒時，睡在自己的房間裡，我怕他熱，開冷氣，又怕他冷，加張小毯子，蓋著又怕他悶，就這樣不斷的進進出出，後來乾脆站在他床前，對著冷氣出風口，舉著小毯子，擋著冷氣的風，不要直接吹到他身上。一站就是兩個小時，只有這樣才放心。」

她餵子千嬰兒奶粉，也做營養食品，「我非常愛乾淨，對子千更加潔癖，什麼東西都洗很多次，用力洗奶瓶，把手都洗破了！有時太累了，站都站不住。」生產後，她濃密的頭髮一把

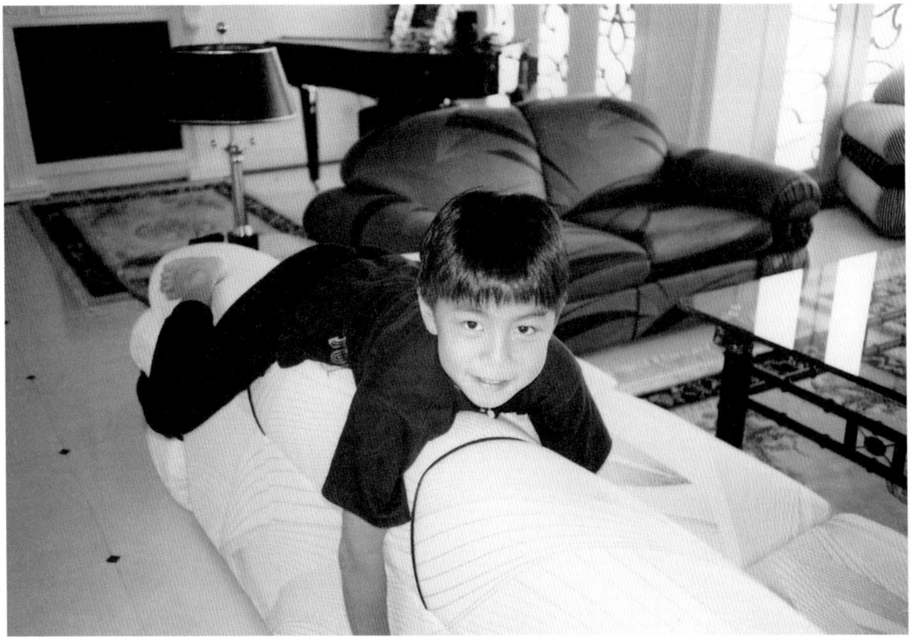

過去甄珍大咧咧的，當了媽媽後變得神經緊張，一直到今天，凡事都以兒子為先。

一把的掉，「我每天蓬頭垢面，邋裡邋遢，顧不了自己，總是擔心他，什麼事都小心翼翼。」可能受她影響，子千也很愛乾淨，動不動就去洗手，還洗腳，比媽媽還嚴重。

皮建鑫說：「有了子千，甄珍變得神經兮兮。到她家，她打開門探出頭先問：『你有沒有感冒？如果有，你先回去，下次再來。』聽到客人咳嗽，有禮貌的她變得毫不客氣，馬上請人走路。有一次，我們一群人在客廳和劉家昌聊天，她招呼著大家，但魂不守舍，突然大聲說：『子千哭了。』大家說沒聽到呀，怪她發神經了。她確定子千哭了，衝上樓，果然子千醒了。哎呀，這是母親的本能，和孩子心連心。」

慈母甄珍的故事說不完，皮建鑫笑說：「大夥兒開車去拉斯維加斯玩，順道去湖邊休息，大家都下車，車子也熄火了，甄珍因子千在她懷裡睡著了，怕吵醒他不敢動，就坐在車子裡。中午大太陽下，氣溫近四十度，她坐了一個小時，熱得一身大汗，臉都紅了。我們回來嚇了一跳，都說她太過分了，會熱死的。」甄珍笑說：「那天，我想讓子千睡個好覺，捨不得叫醒他。我熱點，有什麼關係。唉，我沒有照顧孩子的經驗，也沒看過別人帶孩子，所以事事小心。」有人認為她為了孩子犧牲太大，她不以為然：「做媽媽的，不就應該這樣嗎？」

林青霞曾在文章中說，子千感冒，甄珍不眠不休守在床邊，形容憔悴，眼圈發黑。「子千發高燒，甄珍半夜把劉家昌叫醒，他見子千臉色發青、口吐白沫，嚇得一路跌、一路爬的到沙發旁找電話，甄珍卻能冷靜鎮定的打電話叫救護車。正所謂為母則強。」每次她和甄珍吃完午飯，甄珍總是匆忙趕回家照顧兒子，直到子千十歲後，她才有時間跟好友聚會。「甄珍欣賞兒子的眼神，甜在心頭，盡是愛。我望著她挽着兒子離去的背影，心想，這個女人，真是好得讓人心疼。」

甄珍個性粗線條，照顧子千卻非常細心，每次出國，怕他在異地水土不服，一定帶著幾大瓶飲用水。以前她天不怕地不怕，當了媽媽膽子變小，「帶子千出國，我一上飛機就提心吊膽，直到落地才放心。」

甄珍演過不少淘氣角色，子千繼承母志，並且發揚光大。甄珍說：「他還小時，我要到巷口的修車廠拿車，要他跟我去，他不肯。修車廠要關門了，我趕快去，在隔壁的加油站，突然看到他在一個女人的車上，他看到我，立刻跳下車，我嚇了一跳，認為那女的是拐騙小孩的，那女的卻罵我怎麼不照顧自己的孩子。原來，我離開家後，子千學電影《小鬼當家》跑出來，在我車子後面追，那女的看到，說要帶他去找我，可是她怎麼知道我在哪裡呢？我聽了又氣又怕，氣子千，更氣自己！不敢想像他不見了怎麼辦！」

還有一次，子千十歲，母子倆去夏威夷度假，在海灘，她才鋪好毛巾，子千就不見了，「我對著大海叫他名字，兩手不斷的往回招，像作法一樣，別人以為這個東方女人是瘋婆子。叫了四十分鐘，我急得快哭出來，他終於出現了，原來衝浪去了。」三年前，母子倆到北海道滑雪，才到飯店，還沒進房間，子千故技重施，全副武裝的先跑了，沒多久就坐著輪椅回來，因為鞋子買大了，腳踝扭傷，兩人在飯店純吃喝四天。

子千是過動兒也是個災星。他看成龍的功夫片，成龍身手矯健，他依樣畫葫蘆，從二樓跳下去，摔壞膝蓋神經，到現在怎麼捏都不痛。在香港同學家摔進游泳池，兩腿的腳踝韌帶都斷了。甄珍很羨慕別人有女兒，「女兒比兒子細心貼心。兒子太皮了，帶他比帶十個孩子都累。」

她在台北、香港兩地住。二〇一二年，子千在台北抱了一隻純白色的中型犬回家，甄珍問：「這狗將來會多大？」子千說：「就是這麼大！」取名「饅頭」。可是饅頭像發麵一樣，一天一天的快速長大，最後像熊一樣，站起來比甄珍高出一個頭，子千才招認，饅頭是名犬「大白熊」，來家的時候，才一個月大。老媽被騙了，可是已經愛上饅頭，天氣熱一點，給牠開全天冷氣！後來帶回香港，讓牠和收養的兩隻流浪犬作伴，起先受欺負，怒吼一聲後，當了超級老大。

子千惹事連連，甄珍說，看到他可愛的樣子，一切又都值得了。他五歲時，迷上周潤發的《賭神》，看百次都不膩，有一天認真的說：「媽咪，我們換一個爸爸好不好？換周潤發當我爸爸啦！」惹得她大笑。小學三年級時，有個韓國女生很照顧他，他卻不喜歡人家，回家說：「她放屁很臭，因為她都吃泡菜……」甄珍說，有了子千，她才知道小孩多麼天真可愛。談子千，她臉上線條柔美，充滿母愛。

甄珍的父母不體罰孩子，她對子千也是，「我從來不罵他、打他，只有一次，他講髒話，我氣得把他抓進洗手間洗嘴巴，以後他不再犯，也從不做傷人和違法的事。」

子千出道九年，沒有負面新聞。他說，第一次出唱片時，有一位男記者問他：「你真的這麼乖嗎？你的父母都是大人物。你不可能這麼老實，你不要被我抓到喔。」他嚇壞了，從此絕對不去夜店等地，除了健身房和餐廳，幾乎都待在家裡。幾年後，那位男記者說，當時是唬他的，子千回他：「我還是要謝謝你，讓我省了出去混的時間。」

子千拍戲，甄珍常送吃的喝的到片場，安靜的坐在角落，怕打擾拍片，所有人看到大明星媽媽如此大方又慈祥，對子千豎起大拇指：「你媽媽最上道，你真幸福吶，伯母常來喔。」有一次，子千拍打戲，被不知輕重的臨時演員打傷頭和眼睛，甄珍疼得心裡滴血，但她不張揚，不願製作單位為難，只提醒子千要小心，祈求上帝保守兒子平安。一轉眼，甄珍今年七十二歲，子千也三十二了，甄珍照顧兒子還是無微不至，每天準備子千的飲食，出國前，一定買好食物，把冰箱塞得滿滿的。好幾次聽她說要回台灣或香港，理由都是「家裡的冰箱空了，子千沒東西吃」。子千說，他可以照顧自己，但是媽媽不放心，他只好讓她這樣。

甄珍到現在還會半夜起來，看看子千有沒有踢被子、冷氣是否太強了。子千腳踝韌帶摔斷，開刀住院時，老媽擔任看護，每天只睡三小時，他回家後打著石膏，洗澡穿著短褲、躺在浴室裡，老媽還幫他沖水。她甘之如飴的笑說：「那有什麼辦法呢？」

母子倆是最要好的朋友，也會鬥嘴。晚上，甄珍躺在床上，子千坐在床邊的小凳子上，天南地北的聊上兩個多小時，媽媽累了，叫他回房睡覺，他不肯，說兒子陪母親聊天，做母親的應該很感謝。他說話的神情、動作很像劉家昌，甄珍開玩笑說：「我有時候很討厭你。」

子千說柯俊雄是他的偶像，並且是他心目中「世界三大演員之一」，媽媽不是三大之一嗎？他說：「媽媽很漂亮，但男生的戲跟女生的不一樣啦！」甄珍故作生氣：「你拿柯俊雄多少宣傳費啊？你不選我，你會不會看戲啊！」

子千會賭錢嗎？甄珍安心的說：「他從小不賭，給他錢，他都不賭。」子千笑說：「我從小看到賭的下場，如果還去賭，那我是不是太笨了？」他長得像媽媽，娃娃臉、大眼睛，一個模子刻出來，「媽媽不愛哭，我嬰兒時就不太哭，證明我的優點都是媽媽遺傳給我的。」

劉家昌很少在家，對獨生子劉子千來說，胖子舅舅是爸爸，舅媽是他第二個媽媽，還有兩個表哥，大他一歲、三歲，像親兄弟一樣。生活很正常，非常幸福，甄珍也說：「我們母子相依為命，可是一點都不寂寞，兩家人相處融洽，很熱鬧，是我最快樂的二十年。」

甄珍家和胖子家住得近，開車十分鐘。子千說：「早上媽媽送我上學，然後到舅舅家，和舅媽聊天、逛街，再接我下課，我在舅舅家吃飯、做功課。舅舅、舅媽非常疼我，三個孩子犯錯，他們只打表哥，我還求他們也打打我吧！」他的勞作，每次都是前一晚才說要做，舅舅和表哥熬夜趕工，隔天早上放在客廳大門前，媽媽送他上學時，先到舅舅家，開門拿了就走。

子千和表哥讀同一所學校，「很多人以為我是富二代，其實我過得很普通。舅舅愛音樂，有很多樂器，我第一次學作曲，就是用表哥的吉他，後來才去念加州音樂家學院。」他很少看到爸爸，隱約感到自己家和別人家不一樣，有時爸爸回家，嚴肅的跟他說話，讓他很疑惑。

他小時候照片很多，和媽媽一樣上相，二十三歲當歌手，也拍了很多帥照。中間十年，他因發胖不肯照相，也從來不認為自己是帥哥。甄珍在家不提當年，他不知道媽媽是明星，「家裡有張女生的照片，戴著奇怪的帽子，我心想這個女人很臭美。大一點，舅舅才說媽媽以前是大明星。我看了一點媽媽的電影，覺得對白很好笑，哈哈哈！」

他十一歲時，回台灣念美國學校。甄珍說，有一天他偷偷要司機送他出門，一溜煙就不見了，「我搭著計程車在後面追，看到他載了一群女同學，原來是到威秀看電影。他只穿一件T恤，我馬上到對面的百貨公司買外套給他，他一進去就把外套送給人家了。」她在戲院外等，子千一出來就喊著要回家，讓同學去續攤。到家後，他要媽媽幫他按摩肩膀，甄珍說：「因為看電影兩個小時，一位女同學把頭靠在他的肩膀上，他撐著不敢動，僵硬了。」這是他對女生做過唯一浪漫的事。

甄珍曾說「捨不得子千交女友」，因為她抱兒子還抱不夠。現在還捨不得嗎？「哎呀，我恨不得他趕快結婚。人家說，嫁女兒賺個女婿，我生兒子，就是準備送人的，可是他不交女朋友。我認為，如果他還不想結婚，就不要傷害女生的感情，也不要浪費自己的時間。」

她說，有一次，子千在洛杉磯搭新航到台北，看到一位空中小姐很漂亮，整趟飛程都盯著她，卻害羞得不敢跟她說話，也不敢叫東西吃。子千抗議：「我有吃飛機餐，只是沒有要花生米、泡麵啦。」他說，他最胖的時候九十二公斤，很沒自信，不敢搭訕女生。「很多人以為我是同志，還有人當面問我，我問他要不要來試試！哈哈哈！我不談沒把握的感情，更不會主動。現在沒時間談戀愛，不過我一定會結婚。戀愛就是為了結婚，對象要像我媽媽一樣善良，以家庭為重。」

子千個性傳統，喜歡看中國老書，酷愛《孫子兵法》，「我有個老靈魂。因為有一對很牛的爸媽，以前有人說我是『媽寶、靠爸』，一定是我做得不夠好。我要更努力，遇到挫折是好事，我把所有時間精神放在工作上。」他從歌唱轉型演戲，為擴充戲路，在香港、美國苦學武術，老師是好萊塢的專業教練，他練得體格精實、身手矯健。

甄珍說，子千很孝順，念書時在錄影帶店打工，第一份薪水就交給她，還用自己設計的紅包袋裝著。每到過年，一定給她磕頭拜年。看著子千獨立自主，她非常欣慰，「他真的很努力，沒事就待在家裡看書練拳，從不抱怨拍戲辛苦。」

甄珍在家不提當年，劉子千小時候不知道媽媽是明星，看到家裡有張女生的照片，戴著奇怪的帽子，還覺得這個女人很臭美。（梁海平攝影）

甄珍有高血壓、糖尿病。子千叮嚀她少吃、多運動。她愛吃零食、甜點，子千見了就「欸欸欸，妳可以吃這個嗎？」然後把東西藏起來。有一次在香港美心餐廳吃飯，他看到媽媽在麵包上塗著厚厚的奶油，瞪大眼睛小聲的問：「妳在吃什麼？」老太太在外面比較仗勢，不理他，低著頭嘴硬說：「吃麵包嘛！」

將來會幫忙帶孫子嗎？甄珍說：「那不行，我命沒有那麼苦吧？顧完這代還要顧下一代啊？」她說，兒孫自有兒孫福，管得太多，反而討厭。「我媽媽是很嘮叨的人，囉哩囉嗦，我就是忍著。我最怕煩，說一次就夠了，不要一直說。有了子千後，我才了解天下父母心，永遠擔心孩子，但是嘮叨不見得有用。」

她有一套「老媽忍耐經」：「子千在美國長大，習慣穿拖鞋、短褲外出。我偶爾提醒他穿衣服要看場合，因為他做的行業不能太邋遢。我就想起來，以前我穿這件，媽媽說不好看，我穿那件，媽媽還是說不好看，我就覺得她管太多。子千不吃青菜水果，我以前總要他多吃一點，他也一定很煩。做父母很難，現在更難，資訊發達，孩子懂得比我們多，我們囉嗦，親子關係緊張，何必呢？所以要收放適度，少講話，做到忍字，大家才能和平相處。人老了要做到忍耐，很不容易，可是一定要忍，家庭才能和睦愉快。」

二〇一九年跨年夜，子千要出去買幾瓶啤酒，甄珍說，深夜了，不要喝了。他慢慢的說：「媽

從小開始，每到過年，劉子千一定給甄珍磕頭拜年，從不間斷。母子倆感情深厚。

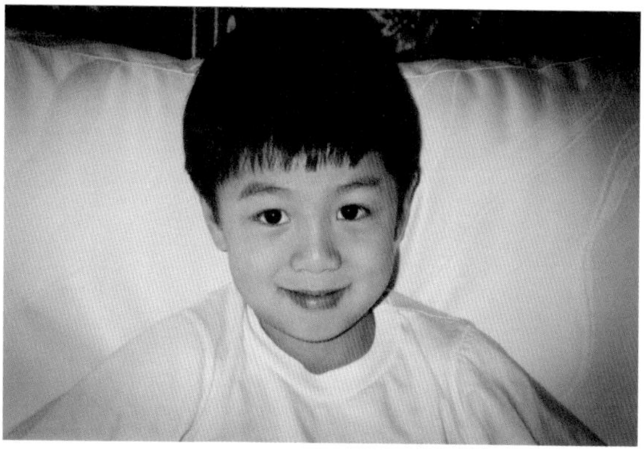

子千的笑容和甄珍小時候很相似。

媽，我已經三十二歲了，跨年這樣慶祝，很乖了。」她想想，年輕人多在外面狂歡，子千在家，真的很好了，她欣慰也有一點心疼。「子千很本分懂事，對感情慎重、不輕浮、有責任感。凡事不占人家便宜，寧可吃虧。在同學和朋友中，他常是年紀最小的，卻像大哥哥主動照顧人，朋友來香港或台灣，他都熱情招待。」

二〇一七年，她跌倒造成腦積血，立刻要開刀。子千說：「媽媽被推進手術房時，我的腿都軟了，一輩子的事全浮現出來。她這麼愛我，把時間心思都放在我身上，我還來不及回報她。」

媽媽是什麼樣的人？子千想了想說：「她是笨人，也是個聰明人。她人好，不管別人對她好壞，她都對人家好。平常的事她不在乎、不計較，順著人家，常吃虧上當。不過，重要的事，她很小心。就是小事馬虎、大事謹慎。」甄珍聽了笑說，自己也活了這麼大的歲數，當然知道別人的用意和好壞，「我是想，如果事情不嚴重，能被利用就利用，最起碼我還有點用處。不必斤斤計較，吃虧了，我也會假裝不知道。」

子千再說：「媽媽是一位勇士，一個人把我帶大，到現在面臨困難，還是勇敢面對。她給我世界上最好的東西，就是樂觀和快樂，我要向她學習，也要讓她引我為傲。」甄珍說，自己雖然有時迷糊，但是很負責任，對重要的事情也很細心，面對困難從不逃避，「我應該是個很有毅力的人。」

二〇一三年，甄珍獲得金馬獎終身成就獎，由兒子劉子千陪同參加頒獎典禮。
（台灣蘋果日報提供／張桓誠攝影）

甄珍和劉子千都愛狗，香港家中除了饅頭，還有兩隻流浪犬，其中一隻經常躲起來，不肯拍照，甄珍笑牠有自閉症。（台灣蘋果日報提供／陳明中攝影）

首度公開
致前夫劉家昌

（右：梁海平攝影）

二〇〇九年，劉子千出第一張創作專輯《Mr.Why》，曲風新穎，歌聲渾厚，令外界驚豔。二〇一一年再出專輯《感動》，卻被網友嘲笑歌聲鴨嗓、音樂老派。自此，原本就脆弱的家庭關係，一夕潰堤，讓甄珍不勝煩惱、苦不堪言！《感動》被網友嘲笑，子千一概說謝謝指教，「這是唱給爸爸聽的，爸爸開心最重要。」外人認為他孝順，其實他另有苦衷；專輯是劉家昌堅持他出的，裡面都是劉家昌的老歌和新歌，他起先希望先唱自己的創作，站穩了，再唱父親的作品，榮耀父親。劉家昌直到最後才澄清鴨嗓是技術問題，造成歌聲失真。

二〇一三年，甄珍獲得金馬獎終身成就獎，子千陪同參加頒獎典禮，不見劉家昌，令外界不解，其實他已不聯絡母子三年了。二〇一五年，劉家昌在香港訴請離婚，甄珍告知媒體，兩人早在子千一歲多時離婚，令外界震驚，媒體指兩人是離婚二十八年的「假面夫妻」。

二〇一七年，劉家昌多次在臉書上談論甄珍和子千，五月二十二日，公開罵子千是畜生。一直不出聲的甄珍為了子千長期忍受委屈和犧牲，第一次發出公開信。她說，子千和華納簽約三年，第一張專輯外界反應不錯，劉家昌也讚美子千有音樂天賦。「沒想到，劉家昌突然要主導子千的音樂發展，到華納公司要求和子千解約，華納怕惹事，只好答應解約，子千也只能無奈的簽字。」

她說，後來子千到日本做音樂，劉家昌要他回台錄製《感動》，子千不讓她為難，只好勉強答應……劉家昌還要繼續操控子千，威脅「你不聽我的，我就對外說你在家打爹罵娘，把你的路子全給斷掉！」最後子千離家出走，劉家昌也再沒回家過。

甄珍在文中說，古人說「虎毒不食子」，劉家昌卻這麼殘忍的傷害兒子，「我今天說出實話，希望還給子千遲來的公道，過去是我無能，處處怕劉家昌。請劉家昌不要再殘害兒子……希望他放過我們，讓子千做他想做的事。」不過，這番說明和懇求，未讓劉家昌住手。二〇一七年，他在臉書上說在江西龍虎山的華泉小村已經完工，突然迸出他給甄珍二十億台幣，問她：「妳是怎麼花的？我知道你們沒能力賺錢，是留給你們過生活用的……」接著他到美國訴請離婚，隨後撤告。兩個月後又第三告。

二〇一八年二月，子千為息事寧人，到飯店看爸爸，劉家昌對媒體說，兒子來了，他就放下一切，不告了。可是他後來未撤告，美國開庭時，甄珍到場，法官迅速駁回劉家昌所有要求。對劉家昌多次公開辱罵，包括罵母子「無恥、吃我的喝我的，跟我作對」等，甄珍只回過之前那封信，其他都忍耐下來，認為家醜不宜公開，私下透過朋友、律師和劉家昌溝通，但是他變化多端，不斷失信。她感嘆：「和劉家昌離婚，是我一生難得、做得最聰明的事！」

這一年，甄珍寫下一封信「致前夫劉家昌」，說明三次官司的原委，但是遲遲未公開，幾經思量，在此附上。

我與你自一九八七年在美國加州離婚後，至今已超過三十二年。這些年，我一直是與兒子相依為命、生活低調的失婚婦女。

任誰都無法想像，在離異多年後，早已是「前夫」的你，竟三次告上法院。你先是請求判決離婚，在敗訴後，又轉而主張離婚無效，外界不解，其實你為的不就是錢嗎？

二〇一五年，你向香港特別行政區地區法院請求判決離婚，在我提出美國加州橘郡（Orange County）法院登記的協議離婚書後，香港法院判你敗訴。當時你在法庭上回覆：「我忘記已經離婚了。」此話仍言猶在耳。

緊接著，二〇一七年十月，你又以相似的理由到美國法院提告，我也又向法庭提出雙方簽字離婚的證據，你深知毫無勝算而撤告。隨即，你在十二月改變策略，指稱一九八七年與我離婚是假離婚，是因聽信算命先生的說法才離婚的，屬於欺詐法院，主張離婚無效，再次向美國法院提告，要求撤銷一九八七年的離婚協議。最後被法官當庭訓斥「浪費司法資源」。

輸了官司之後，你不斷的透過臉書對我謾罵、詆毀，但也洩漏出你真正的面目。你的目的就是要錢！要分得我在一九八七年離婚以後所賺得的一半財產。

而我也錯在長久以來，為了和諧，對你總是百般忍讓。姑息足以養奸，今後任何你對我的不實指控、羞辱及傷害，我將不再隱忍、沉默，該訴諸法律維權的，我將一一面對，並勇於堅持。人要懂得尊重和感恩，不可僅憑一時快意，任意謾罵、詆毀他人名譽。

甄珍說，劉家昌為了錢不顧親情，說了許多不是事實的話，例如他說方姊（方逸華）送他投資江西龍虎山的啟動基金，其實是她向方姊借的，「誰會送人這麼大筆錢呢？我借錢、還錢都有方姊律師出具的證明。」這一點，與方姊交情深厚的向華強太太陳嵐作證：「我問過方姊借給劉家昌這麼多錢嗎？方姊說她向來不說假話，要我相信她，她沒有借過劉家昌一毛錢，沒有這回事。」和甄珍、劉家昌都是好友的汪玲，談到甄珍個性時笑說：「劉家昌借錢，我不借。換成章家珍，我就借，因為她講信用，有借有還，我絲毫不擔心。」

甄珍說，她是龍虎山投資公司的董事長，劉家昌是總經理。「二〇一二年起，再也見不到他的人，我要去龍虎山，他都不准。二〇一五年，我去當地的工商局查詢，發現我的名字在我毫不知情下，改成別人，其實我是很好商量的人，他應該先說一聲。」她可以對劉家昌提出刑事告訴，但是不忍心，「我早就告訴他，他只要歸還我向方姊借來的本錢，賺的錢都歸他，可是他全不認帳。」

對媒體報導兩人爭家產，她非常在意，覺得很丟人，「我最痛恨『爭家產』這三個字，我這一生從不貪圖錢財。劉家昌說給我二十億台幣，如果我有二十億，何必向方姊借錢呢？三十多年來，我和子千始終過著忍氣吞聲的日子，我總想夫妻一場，應該好聚好散。外界聽他胡說，真以為是我理虧，或是有把柄在他手上。我這次說清楚，以後不再說了。」

一生二淚

後悔離婚再嫁

甄珍從小不發脾氣，也不哭，但為了兩次失敗的婚姻，她在公開場合哭了兩次。

一九七六年，甄珍和謝賢簽字離婚，隔天，她在香港啟德機場搭國泰班機回台灣，「那天是白亮亮的大晴天，我心裡卻灰濛濛的，像是下著一陣一陣的雨，很刺痛，飛機起飛前慢慢滑行，我回頭看，滿心不捨和委屈，想著六年的感情就這麼結束了，眼淚一行行的落下。」

第二次是二〇一七年十一月，也是香港回台北的國泰班機，換成赤鱲角機場，「飛機還沒有起飛，隔座的人在看報紙，全版的新聞，標題是劉家昌的華泉小村開幕，賣給台塑副總裁王瑞華，他還捐出歌曲版權。我突然很激動，感覺很窩囊很受傷。我是董事長，長達六年不得聞問，再想到過去的四十年……真不知所為何來？忍不住潸然淚下。」

回想一路走來，她恍如隔世。「谷名倫出事，我看劉家昌被冤枉、受委屈，很同情他，陪他到美國。之後飯店倒了、電影沒了，每天因他賭博擔心受怕，離婚後，跟他經過淘空國民黨營事業的指控。我永遠都鼓勵他、衛護他……他卻這樣恩將仇報。」

王安妮和劉家昌也是好友，她說：「有一次，我們去洛杉磯看甄珍，五個人，她叫了一桌昂貴的菜，後來聽劉家昌說，那時家裡沒錢，她還是款待朋友。她對朋友如此，對老公一定更好。」

「對老公好」，這是眾所皆知。當年謝賢片子一開，她把別的戲暫擱一旁，專心拍丈夫的戲。

後來，她也只幫劉家昌拍戲。她的祕書陳淑蓉說，她是標準的中國傳統女子，兩人離婚後，「甄姊認為，不是夫妻，還是家人，對劉先生很好，每天安排他用餐，出門前，也會交代傭人注意事項。她對他很柔順，劉先生管她很多，不喜歡她穿豔麗的衣服，要她穿黑色，更不喜歡她穿得露一點，也不准她露出腳指頭，所以不能穿涼鞋。有一次，她穿了有點露背的衣服，劉先生罵了一路，她只好回家換了衣服再去。」

甄珍為愛付出多，犧牲也大，拍謝賢的《愛在夏威夷》時，除了唱主題曲，從頭到腳塗滿黑油，光著膀子披著夏威夷女裝，為了老公不計形象。相同的，定居洛杉磯後，劉家昌要她復出拍戲，她也配合。娶妻當娶甄珍，美麗，脾氣好，賣力又服從。

二〇一〇年二月，甄珍在香港切除胃腫瘤，十四天後，劉家昌要她一起回台接受TVBS《全民開講》專訪，她體力差，無法搭飛機。

想到這件事，她臉上盡是心寒：「劉家昌罵我，終於要用到妳了，妳就是爬也要爬去！節目上，他哭訴如果沒有我，他活不下去，還說：『有她受不了，沒她活不下去……』我沒回話，表情應該是不以為然了。」

子千出生前，有一個女人打電話到家裡：「甄珍，妳是豬，妳比豬還笨。」她不知道怎麼回事，後來才想到是劉家昌在外面有事，因為她一點都不知道，別人才罵她笨。兩人談戀愛時，她曾說不能接受劉家昌感情不忠實。現今她笑說：「那時奢求了，後來還上演過抓賊記呢，呵呵……不過我早就不在意了，我只是不喜歡他撒謊、耍人。」

對劉家昌罵子千，甄珍最難過，「我和他的個性不同，他不滿我的教育方法，可是他很少在家，付出太少，怎能要求兒子都聽他的？子千在美國受教育，能被我控制嗎？」熟悉母子倆的人都知道甄珍很尊重兒子，不干涉他，處處以子千的意見為意見。

子千知道媽媽心裡苦，萬分心疼：「有些事，她瞞著我，是不讓我有壓力，我更加珍惜她。是是非非，我心裡一清二楚。」

當年，劉家昌說追甄珍十四年，非卿不娶。結婚後，他狀況百出，後來反目。甄珍說：「我常想，我做了什麼傷害他的事？實在想不出來，只好告訴自己，一定是上輩子殺了他全家，後來他一遍一遍的罵、一次一次的告，我想應該是上輩子殺了他全村，哈哈哈！」笑聲中透著無奈。

劉家昌所為，讓甄珍漸漸懷疑他真的愛過她嗎？

皮建鑫說：「肯定愛的，以前劉家昌一起床就眉頭深鎖，見人就罵，什麼都不順眼。他拍戲連著拍幾天，不休息，大家受不了，只好打電話給甄珍，她一來，對劉家昌說：『休息了』，他就立刻宣布收工，所以我們都稱甄珍是『聖母瑪莉亞』，她來了，大家都得救！」還說，劉家昌和她在一起後，被她的開朗感染，會笑了，也關心人了，還會話家常。如果不愛甄珍，怎麼會被潛移默化呢？

甄珍聽了，覺得那些都是很遙遠的事了，「他年輕時很直率、理想、天真，後來變得很霸道，而且非常重名利。我不明白他怎麼變成這樣？我再怎麼忍讓，他還是那樣，我只能忍完了，再把氣吞下去。」

回想這一生，和劉家昌糾纏了五十多年，「我有兩大後悔，第一個，非常後悔和謝賢離婚，第二個，非常後悔嫁給劉家昌。當初是我自己選擇的，就當成上帝給我的功課。總之，今後我不再委屈求全了。」兩次婚姻的分合驚天動地，是否受瓊瑤電影影響？她說：「沒有，我的個性沒有那麼戲劇化。」

婚姻失敗，讓她格外珍惜友情，好友們也真心相待。王安妮像親姊姊般呵護她，林青霞常叮嚀她要訓練腿力。劉德華親自打電話謝謝她去看演唱會，讓她感到他善良體貼，把影迷放在心上，天王當之無愧。成龍請她坐他的專機，「他一進我家，就把冷氣、電燈關掉，貼心的幫我節省能源！呵呵呵……還有很多好友和影迷，我真的很幸運滿足了！」

還有一位超級大腕、中國星集團董事會主席和電影監製向華強，最初和甄珍搭檔《行行出狀元》等片，後來再合作《黃埔軍魂》。他從香港到台灣演戲時，因國語不好，躲在一旁背劇本，女演員笑鬧得很大聲，吵得他背不下去，拜託大家小聲一點。他笑說：「感激甄珍和我拍戲時，沒有譏笑我的演技，也沒有調皮搗蛋的欺負我！」

甄珍說，向華強的妻子陳嵐是賢內助，夫妻倆互相扶持，工作認真努力，同心協力打下一片江山，尤其是見義勇為，樂於助人。「向華強七十大壽時，中港台的重要人士都到場祝賀，可見他們做人做事的成功。我早年定居香港時，他們帶兒子向佐（目前已從影）到我們家滾床，幫我們得子，果然有了子千。這些年，他們一直很關心我，對我非常好，我充滿感謝。」

向華強說：「我們先認識甄珍，所以只認她和子千。她一直保持善良誠懇，以及不忘初心，這種態度真棒！她是我們永遠的好朋友，也是娛樂圈最好、最真摯的最佳女主角。」

向華強和甄珍搭檔演出《行行出狀元》，後來結為好友。

向華強七十大壽時，中港台的重要人士都到場祝賀。
由左至右：向佐、甄珍、陳嵐、向華強、劉子千。

台灣玉女
真善美的全形

（左：梁海平攝影）

年輕時的甄珍，神似上世紀七〇年代美國知名漫畫的超完美嬌妻「Blondie」（白朗黛），溫柔可愛，毫無心機，還有點憨傻。甄珍的美麗發自內心的純潔善良，是真善美的結合。

從小看到辛苦、貧窮、受委屈的人，甄珍發自內心的同情：「多可憐啊！」這也是她至今的口頭禪。還未大紅大紫時，她已和母親固定捐助貧苦，有時自己去，有的人住得偏遠，車子開不進去，甚至無路可走，她繞路或爬山到門口，對裡面的人說：「有人在嗎？請出來一下好嗎？」裡面的人說「請進來」，她怕遇到壞人，只好放下錢就走。

多年來，她知道哪位朋友手頭緊，會找機會包紅包幫忙，不傷朋友自尊。一位好友重病過世前，向她借了鉅額的錢安頓家小，她慷慨解囊；一位朋友借錢，一進她家就下跪，她手足無措，也借了不少錢……她說：「朋友有難，當然要幫忙，金額小的，我也沒指望過要還。」事實上，不論大小，多數一去不回。

也許好心有好報，一位朋友的妻子突然打電話給她，要還她錢，讓她喜出望外。她開玩笑說：「我現在也沒賺錢了，借錢的朋友，如果有錢了，把錢還給我吧，呵呵呵……」

她敬老扶弱，定期問候長輩，致贈貴重禮品；逢年過節，送紅包給晚輩、員工。作風老派，充滿人情味。二〇一九年四月，她受邀擔任高雄市公益大使，主動捐出一百萬元；探望「無障礙之家」時，裡面有各種年齡的身心障礙者，有幾位年紀大的，一見她，驚訝的發出「欸欸欸」，

二〇一九年四月，甄珍受邀擔任高雄市公益大使。（高雄市政府新聞局提供／黃敬文攝影）

甄珍的祕書陳淑蓉是台灣人，兩人外出辦事或逛街，外人看不出來是主從關係。

感覺她很眼熟。一位慢飛天使要她抱，她吃力的抱起他，親親他，忍不住落淚，她對他承諾「我一定會再來」，孩童困難的吐出「好」，兩人都很認真。

還有一個孩子吃力的製作看板「親愛的媽咪」，她看了很激動，不知道要怎麼表達感謝。最後，她上車要離開時，十幾個人跑出來，腦性麻痺者認出她是甄珍，要和她合照，留下一張珍貴的大合照。她說：「人生來不平等，小孩最可憐，最需要愛，我們一定要多幫忙弱勢族群，每一個人都做得到。對他們來說，有愛就有力量、就有希望。」

秦祥林剛到台灣拍戲時，他的好哥兒們成龍還是小武行，拜託秦祥林帶他到片場看偶像甄珍。甄珍發現他一個人蹲在片場角落裡，請工作人員拿張椅子給他，讓他大為感動，銘記在心。一九七六年，成龍被導演羅維看中，拍攝《新精武門》，一砲而紅。

甄珍的祕書陳淑蓉是台灣人，嫁到香港，起先在電影雜誌《銀色世界》工作，老闆娘王安妮告訴她，甄珍要定居香港，正在找祕書，她便歡歡喜喜的當了偶像的祕書兼會計。她說，甄珍對人一視同仁，不扒高踩低，沒有階級之分，尊重每個人，對人很客氣，從不大聲說話。有一次她事情沒做好，甄珍笑笑的說：「阿蓉啊，妳犯了一個大錯耶。」絲毫沒有責怪之意，讓她很感謝。

陳淑蓉說：「甄姊以前不看帳本，我勸她還是要看一下，遇到別人，才不會欺騙她。我們外出辦事或逛街，外人看不出來是主從關係。十四年來，我很感謝這位善良的老闆。」

甄珍香港家有傭人，但她能做的一定自己來，從不要求傭人幫她倒茶、按摩……更不會頤指氣使。家有三隻狗，傭人常不按時遛狗，她只好自己帶，被狗拖著跑。朋友發現她家某處不乾淨，她還為傭人開脫：「可能她最近心情不好吧！」

去年她的腿受傷，走久了會痛，王安妮建議她外出帶著傭人，幫她提皮包、照顧她，她笑說不行，因為會變成她幫傭人拿東西，還要招呼她吃飯，自稱勞碌命。朋友家裡需要多一位傭人，她主動出借，卻被拒絕，朋友笑她寵壞傭人：「妳家的都是大公主，千萬別來，來了把我們家的教壞了。」

甄珍愛請客，淨點最貴最好的，深怕客人吃不好、吃不飽。她說：「有一次，朋友請我吃日本料理，他自己先點了一客涼麵，我不好意思，只叫了一份鰻魚飯，這讓我知道，請客要讓客人先點菜，不然我就要多點一些，多樣的，份量夠的。」香港一位老友，每次指名要吃最好的魚翅，她必然說好。

吃飯時，她還樂當服務生，全程倒茶、布菜，把最好的部分給客人吃，輪到自己時常常所剩無多。有一次她叫了喜愛的無錫脆鱔，甜甜脆脆，她分給每位客人，吃完了，再叫一盤，又吃完了，再叫第三盤，客人說太多了、吃不下，她才說：「可是，我還沒吃啊！」她十多歲看母親招呼家人和客人，默默學會了布菜。

愛請客的她，也練就了搶帳單的好功夫。有時怕人搶，她早早和餐廳說好，只能她付帳；不然就趁去洗手間時，偷偷把帳單付了。遇到對手，溫柔的她突然變成大力士，抓著帳單直說：「哎呀，你別搶啊！」有一次，她和胡錦、李翰祥的兩位女兒吃飯，胡錦早料到她會搶付帳，一進餐廳，就把信用卡給了櫃檯，最後還是被甄珍神不知鬼不覺的調包了，臨走，胡錦懊惱的問收銀小姐：「我的信用卡呢？」小姐嚇一跳，原來在甄大戶的口袋裡！

甄珍愛熱鬧，很少兩個人吃飯，起碼四、五人，經常十幾人，重要節日，她包下大飯店的大包廂，二十人座的大圓桌，大夥隔桌喊話，聽不聽得見沒關係，開心熱鬧就好。常見她中、晚飯都在外面吃，家中很少開伙。問她一年花多少錢請客？她說沒記帳，不知道，笑說：「沒關係，我最近要賣房子。」

請客不僅花錢，約人要來回調整時間、地點，反反覆覆，花費不少時間、精神，她卻樂此不疲，絕對是孟子的高徒，信奉獨樂樂，不如眾樂樂。

時間有時比金錢昂貴，她對時間也不吝嗇，朋友到台灣或香港，她全程帶著吃喝玩樂；朋友有事，她絕對熱誠相助。去年，呂良偉受邀來台參加亞太影展，邀她一起走星光大道，她立刻答應，還買了禮服；她不是愛出風頭，是對好友義不容辭。二〇一九年三月，林青霞主演的《滾滾紅塵》數位修復版上映，她皮膚過敏，臉紅腫、不舒服，還是如約參加首映會，和一群好朋友見面開開心心。

甄珍朋友多，老中青都有，她認為朋友是有緣分的人，要真心誠懇待之。逛街時，她注意誰適合穿這件衣服、誰喜歡吃這個，把自己放在第二位。朋友對她也好，看適合她的衣服打折了，先幫她買下來，或是送給她。她說：「配偶不一定長久，好友最重要，可以相隨一生。不然，一個人多孤單。」

為什麼這麼多朋友愛她？她想一想說：「我不占朋友便宜，更不讓朋友吃虧。這是交朋友最基本的原則。還有，他們覺得我好相處吧。有時候，朋友話說重了，我會忍讓，設想他心情不好。每個人頂個腦袋，想法不一樣，一定要忍讓，多想人家的優點。」如此相忍為友，她不猜忌人，朋友坑她，她不知道，後來發現了，也算了，心裡沒有壞人和敵人。好友徐楓說：「甄珍為人零負評，總寵著朋友，再也沒有這麼溫暖人心的人了。」胡錦也說：「她美得像一朵花，演遍人生的喜怒哀樂，嘗盡了感情的酸甜苦辣，樂觀、開朗、真誠，無數人為她傾心。」

樂觀的她，不愛抱怨，生氣難過的事，轉頭就不氣了，甚至忘了。劉子千常因媽媽被欺負而火大，看她沒事般，問她：「妳知不知道我在氣什麼？」她說：「知道啊，可是我已經不氣啦。」

她十九歲時到墾丁、橫貫公路等地拍《遠山含笑》，每個地方都酷熱難耐，演員和工作人員抱怨連天，只有小小年紀的她嘻嘻哈哈，不以為意，對記者說：「我晒成這副樣子，都是烤出來的。所有地方都熱得過癮啊！」

這份豁達與生俱來，讓她對許多事不在乎。胡錦說：「演《四季花開》時，我們同年，她演小姐，我卻演媒婆，心理不平衡。因為我學過平劇，在舞台上多展現動作、眼神，拍《四季花開》，我就這樣搶戲，換做是別的演員一定會翻臉，可是甄珍小姐毫無反應。」甄珍笑說根本不知道胡錦在搶戲，她就是演自己的，「後來看以前拍的電影，發現柯俊雄最會搶戲，呵呵呵……」

她常說自己「不經腦」、「怕燒腦」，意思是不多想、不記事，怕費腦筋。「我怕麻煩，不喜歡想煩瑣複雜的事，就是懶，也是笨，簡單最好。」拍戲那些年，錢歸媽媽管，她沒有零用錢，有一次偷拿了五十元，後悔得不得了，覺得對不起媽媽，想盡方法還回去。「我一生做不了虧心事。賺錢給家裡，是應該的，我也很高興。」詐騙集團打電話到家裡，她不疑有它，一問一答，銀霞說，姊姊太容易相信人，不知道她是單純還是蠢？她哈哈大笑：「就是蠢嘛！」

王安妮說，甄珍在電影圈是個異數。十六歲開始演戲，一直沒緋聞，追她的人也不多，在漂亮女演員裡很少見，「她單純始終如一，她的美很正派，男人不敢下手。她不會狐媚功，不撒嬌、不撩撥男人，因為這些心機，她都沒有。」她也沒有侵略性，男的女的都喜歡她，人緣特別好。

二〇一九年三月，甄珍參加林青霞（中）主演的《滾滾紅塵》數位修復版首映會。右為徐楓。（台灣蘋果日報提供／張桓誠攝影）

劉子千知道媽媽一生只交過兩個男朋友，也嫁給兩人。他笑說：「我爸爸娶了妳後，是不是發現妳太老實無趣了？」她笑著回：「放你的屁！」不過，好友莫不替她感到惋惜，以她的美貌、善良、好人緣，當官的娶到她一定步步高升，生意人肯定富貴大發財。

甄珍沒有野心，卻當了大明星，兩任前夫對她好，她心軟，付出更多感情。她說：「我也不會拒絕人。如果我夠現實，擅長籌謀規劃，就不是這樣了。偏偏我一生順勢而為，從來不會刻意做什麼，就是傻嘛！呵呵呵……」

為了傳記，四十年沒有拍過沙龍照的甄珍，由攝影大師蔡榮豐掌鏡，依舊美麗。
（蔡榮豐攝影）

超級粉絲
記憶鉅細靡遺

（左：梁海平攝影，右：蔡榮豊攝影）

甄珍個性熱情大方，還是國聯的「照片明星」時，大批影迷寫信來，她一綑綑的往家裡搬，看完一一回信；影迷要簽名照片，她薪水低，仍沖洗照片寄送。常常傷腦筋有了照片，卻沒錢買郵票。

她的影迷廣及台港、東南亞。一九七七年，她到馬來西亞為戲院開幕剪綵，從海關出來，一路被影迷抬著走，她說：「黑壓壓的人群，衝著我推呀擠呀，要拍我的、要一起合照的，還有要簽名的、要握手的，花了快兩個小時才到接我的車子旁。」到了房間，一位念中學的小女孩從門縫塞進一封信，要求我打電話給她，我打了，鼓勵她好好用功，女孩激動得哭起來，我也鼻酸，不知道自己有這麼重要。」同一年，她到新加坡登台，有數百位影迷迎接，最後她躲在大廳廁所裡不敢出來，因為配合拍照，笑得滿臉漲紅又抽筋。「那時代沒有網路，影迷居然知道我在哪裡，真是神通廣大。」

影迷中，不少男性默默愛慕她，有的起而追求。一位菲律賓華僑，打電話到家裡，「那時我不懂追求的事，接起電話，那人說：『甄珍小姐，我是菲律賓華僑……』我學他的菲律賓口音回他：『那就請你到僑務委員會報到！』然後掛電話。後來感到自己太沒有禮貌了，很抱歉。」

她二十一歲時，有位三十多歲的男影迷經常跟蹤她，還到片場看她。他不說話，她也不敢問，常背著他，用眼睛餘光看他，「他沒有對我做什麼，這樣維持了兩年。我不懂事，應該上前招

一九六九年，甄珍到新馬宣傳《今天不回家》，被男影迷團團圍住，讓後方的李行難忘盛況。

呼問好，謝謝他。現在的話，我就請他吃飯去了，哈哈哈。」

她有一位超級粉絲，記性好得不得了，甄珍說：「我哪一年拍什麼電影、和誰搭檔、誰是導演、甚至我穿什麼，他都清清楚楚。他還發現我同一件衣服，在兩部電影裡出現過，甚至記得票房多少，我從來不記得這些。」這位粉絲說：「她的電影，我只有四部沒看過。有些看過五、六十遍，記得哪些部分演得好，例如《白屋之戀》裡，她罵表哥江明那段戲，演得絲絲入扣。她在《海鷗飛處》、《冬戀》吸菸，前者的樣子悶悶的，應該不會吸菸；後者演個舞女，演來很到位，是真的會吸菸了，所以獲得亞洲影后，哈哈哈。」

他發現，甄珍演戲會設計一些小動作，例如《我心深處》和母親盧碧雲感情好，「她設計從後面掐母親一下的撒嬌動作。每部戲，她都是一邊說話一邊做事，不會對著鏡頭才有表情動作，這都不是導演教的，她的戲很自然，就像生活裡的樣子。」有這樣深入評析的影迷，讓甄珍感動不已。

男生愛慕她，女生也喜歡她。一位擔任英文老師的影迷，每年都祝她生日快樂。甄珍七十一歲生日時，她約甄珍見面，甄珍請她吃飯，她送給甄珍一只美麗的翡翠別針，甄珍認為太貴重了，告訴她：「快收好，等我八十歲再送給我喔！」甄珍說：「我那個年代，演員很少登台表演，不容易遇到影迷。他們送禮物，我向來不收，承受不起，怕他們破費。有他們的愛已經足夠了。」

甄珍影展原訂二〇一九年三月二十九日在台北舉行，因影片時間久矣，授權等手續繁複，改成七月十二日在高雄舉辦。可是，有的海外影迷已經買了機票，不能更改時間或退票，甄珍知道了，不捨讓他們損失和失望，邀請他們如期在台北見面，承諾「我一定親自招待」。

三月二十八日，她特地從香港趕回台北見十二位影迷。二十九日早上，她在松山機場，拿著寫有名字的牌子，接一位仰慕她數十年的日本影迷。她說：「她為了我的影展，帶來我在日本拍的三部電影DVD，還有《心有千千結》的海報，以及報導我的雜誌、照片，對我太好了，我非常感謝她。」中午，她和所有影迷在一家西餐廳集合、用餐，一對來自檳城的夫妻是甄珍的死忠粉絲，帶著兒女同來，太太一見到偶像就哭起來，不敢相信深愛的巨星就在眼前，其他影迷的雀躍之情也難以形容，共度一個非常愉快的午餐。

下午，甄珍租了一輛中型巴士，帶大家去陽明山看海芋，晴空萬里，沿路有人發現領隊是大明星甄珍，立刻加入影迷團聊天、拍照。接著，甄珍帶大家到基隆放天燈，祝願世界和平、大家健康平安，影迷祝她影展成功……祈福的氣氛溫馨感人。晚上甄珍請大家吃知名台菜，影迷開心得笑不攏嘴。一位馬來西亞女影迷說，甄珍所有電影，她只有三部沒看過，有的看過三十多次，最大心願就是找到那三部電影，她一生只愛甄珍。

甄珍說：「我也很久沒有出遊，在巴士上和大家聊天，雖然是第一次見面，但感覺很親切，彼此關心，一整天充滿了愛。」回到飯店，她送台灣高級水果土芒果、蓮霧、釋迦、蜜棗，到每位影迷的房間。他們吃得心裡甜甜蜜蜜，也感到受寵若驚，像做夢一樣，沒想到大明星如此親切熱情。

第二天，甄珍捨不得影迷，晚上加碼請吃海鮮，還找了胡錦、鄧美芳作陪，以免她一個人招呼不了每一位影迷。新馬影迷因宗教不吃豬血糕，沒想到甄珍敢吃，而且很愛吃，看得他們目瞪口呆。影迷隔天盡興而歸，有的決定七月再來參加影展，並且舉辦甄珍七十二歲生日會。影迷互相成為好友，在臉書上天天聯絡，回味和甄珍在一起的片片段段，他們沒想到多年的期待，真的美夢成真，更加愛慕她。

甄珍每次在公開場合，影迷蜂擁而上，讓她寸步難行，衣服都被拉皺了，有的拍了大合照，還要拍獨照。她透露，其實她非常不喜歡拍照，「拍戲的時候，NG多少次都可以，可是中間要拍劇照，我就不耐煩，也很少接受媒體訪問、拍照。我曾經因為沒有化妝、服裝不整，拒絕影迷合照，後來很後悔，覺得太對不起他們。沒有影迷就沒有明星。出道五十多年，他們還是這麼熱情，我能回報的只有一點點。」

身為偶像，她也有偶像，小時候，她喜歡費雯麗、奧黛麗赫本、樂蒂，後來喜歡成龍、李連杰、周潤發、甄子丹、劉德華、吳秀波、胡歌，更是凌波的大影迷。一九六三年，凌波因《梁

甄珍租了巴士，帶著影迷賞海芋、放天燈，讓影迷開心得笑不攏嘴。（上下圖均為林毓彤攝影）

山伯與祝英台》在台大賣，首次訪台，造成萬人空巷的奇景，政府還出動軍警維護秩序。住在中山北路的甄珍母女，早早搬了桌子椅子到路邊等著看梁兄哥；她也會唱全本的《梁祝》。第二年，她就學著樂蒂「祝英台」的動作、表情，一舉考上國聯。之後她和凌波成為好友，有時也唱上一段《梁祝》過過癮。

甄珍是凌波（前排中）的影迷，後因胡錦（後排左）和凌波成為好友。
左為好友顏華藝、右為金漢。

成龍既是惺惺相惜的好友，
也是甄珍的偶像。

喚起影迷
共有年輕歲月

甄珍清新可人，演技自然生動，帶動了整個文藝片，在貧窮走向經濟繁榮的時代，她是台灣三、四、五年級生的美麗回憶。

一九七一年，她以《緹縈》獲得亞洲影后後，片約越來越多。兩年內，拍了二十多部電影，其中的「淘氣」系列風靡千萬影迷。影評人粟子說，甄珍甜甜的笑，搭配有點大小姐脾氣、頑皮的性格，類似後來掀起的「野蠻」風潮。喜劇演員難得，漂亮年輕的女性喜劇演員更稀有，甄珍兼具內外條件，配合一流的編導組合，在新人輩出的電影圈裡迅速竄紅。

粟子印象最深刻的是，在《新娘與我》裡，甄珍為了要求父母答應婚事，使出絕食招數，一邊將餅乾往嘴裡塞，一邊大吼：「我要絕食！」妹妹送來蛋糕，她氣呼呼的喊快餓死啦！說完大口大口的吞蛋糕。母親突擊檢查時，她把油膩膩的蛋糕塞進睡袍裡面，慌亂間踢翻餅乾盒，嘴裡嚷著「絕食」，臉上露出「被抓包」的心虛表情。「至今未見到第二個女演員，能吃得像甄珍那麼自然隨性，沒有半點作戲的尷尬。可看出她渾然天成的戲劇效果，自然到像是把銀幕下的自己呈現出來，真實又可愛。」

不限於活潑可愛的喜劇，甄珍在愛情片中時而楚楚可憐，時而任性堅毅，各種性格駕馭自如。天生演員單從走路便可呈現失戀，遠鏡頭踟躕徘徊，特寫形容失落。她先後演出瓊瑤小說改編的《幾度夕陽紅》、《明月幾時圓》、《遠山含笑》、《陌生人》、《彩雲飛》、《心有千千結》、

《海鷗飛處》、《一簾幽夢》，是第一代的瓊瑤電影代言人。自《彩雲飛》後，更成為國語文藝片的首席巨星。

甄珍口碑兼具票房的電影有《新娘與我》、《今天不回家》、《群星會》、《緹縈》、《白屋之戀》、《彩雲飛》、《心有千千結》、《婚姻大事》、《海鷗飛處》、《一簾幽夢》、《我心深處》、《晴時多雲偶陣雨》、《煙水寒》等，是第一位馳名香港、新馬的台灣女星。當時的媒體認為，上世紀的五十年代，國語影壇以李麗華為代表，六十年代是林黛、樂蒂和凌波，七十年代知名度最高、影迷最多的是甄珍。

皮建鑫說：「當年甄珍就像『印鈔機』，有人開玩笑說，哪怕甄珍在電影裡，躺著睡一個半小時，觀眾也會買票看戲。因為她最紅，觀眾最喜歡她。雖然當時也有新竄起的女星，但是只有甄珍有香港、新馬的票房。那時代演員沒有經紀人、酬勞不高，導演也搞不清楚成本，片商和發行商最賺錢。甄珍是結婚太早了，不過她出道早，那時真是拍累了。或許當年少接一點戲，不要那麼壓榨身心就好多了。不過，這都是馬後砲了。」

甄珍說：「我後來才知道，我的名字可以拿出去賣錢，讓大家都賺錢，這點讓我很開心。」極盛時，她的片酬三十五萬港幣，是台港女星中最高的。曾有報導說「甄珍看自己電影不滿意，回家哇哇大哭，怪媽媽給她接錯戲，害她丟人現眼」。她說：「當時大家搶錢，沒有為藝術多盡心，好的作品不多。很可惜，電影界和政府沒有把台灣電影推到國際上。我很遺憾沒有機會多拍一些有深度的戲。」

甄珍的電影，除了淘氣姑娘的俏皮可愛，還在文藝片樹立了專屬台灣「都會形象」的青春典型。後來的《海鷗飛處》到香港、新加坡拍攝，具備國際觀。相較台灣片型的單純、夢幻，香港片多了社會複雜現實面、多元化，其中飾演風塵女子的《冬戀》，讓她二度登上亞洲影后。

二〇一九年四月，甄珍受邀參觀高雄左營眷村文化園區，餐廳阿姨立刻打電話給老鄰居，趕來一群婆婆媽媽，看到年輕時的偶像，有人哭、有人抱著她說，看她的抗日戰爭片《英烈千秋》十幾次。導覽人員周治東六十多歲，對《英烈千秋》印象深刻，說著劇情，身為軍人的周治東掉下眼淚，讓甄珍大受感動。當年《英烈千秋》上映時，張自忠將軍（柯俊雄）含冤回家，在大雷雨中與妻女陋巷相逢，他不能相認，女兒甄珍問母親（陳莎莉）：「娘，那是爹嗎？」母親說：「不是。」她再問：「不是嗎？」最後回頭大喊一聲：「爹！」讓台下觀眾熱淚盈眶。

甄珍較少演悲劇，在《我的媽媽》中演單親母親，所謂的慈母多敗兒，當她抱著自縊的兒子說：「這不是真的，媽在叫你，你聽見了嗎？志文，你太傻了，你為什麼不聽媽的話……」她不用聲嘶力竭，卻演出母親的悲慟，讓觀眾跟著傷心落淚。十九年間接受八十五部戲的挑戰，演技的精進，是活生生的見證。

甄珍迎接國際巨星英格麗．褒曼。

甄珍與蘇菲亞．羅蘭。

甄珍在李翰祥的《騙術大觀》中演出京劇小品「打麵缸」，飾演嬌俏的妓女周臘梅，扮相漂亮、演技精彩。（李殿馨女士提供）

二〇一三年，甄珍出道五十年，台北金馬影展執行委員會認為她是台灣電影最具「承先啟後」功勞的優秀演員，又與金馬獎共度半世紀風采，所以頒發給她第五十屆金馬獎終身成就獎，她當之無愧。所謂「承先啟後」，打開 YouTube，或搜尋豆瓣電影，再看那些老電影和海報，發現和甄珍合作的演員眾多，包括資深大牌男演員或硬裡子演員，如蝴蝶、王引、趙雷、崔福生、葛香亭、盧燕、李麗華、蔣光超、歐陽莎菲、王萊、孫越、曹健、傅碧輝、楊群、關山……後輩有呂良偉、胡慧中、謝玲玲、恬妞、喜翔、周丹薇、關之琳……最難得的是在李翰祥的《騙術大觀》中看見張揚，當年國泰首席小生，他演個騙子，外型聲音依舊，十分鐘的戲讓人懷念不已。這些星星，拱著月亮般的甄珍，時不時的喚起影迷年輕的歲月，那些老演員，以為早就忘了，其實他們一直都在記憶深處。

甄珍的電影也記錄了台港的昔日風貌，有陽明山別墅的富豪之家，也有普通人家和違章建築，片子裡有台北台塑大樓、頂好商圈、尚未拓寬的仁愛路，夜景則有中華路的地標「國際牌」霓虹燈，香港的建築、交通、夜景……比台灣進步，兩地有著明顯差距。如今中華路早已拆除、台塑大樓也將重建，更顯得歷史畫面珍貴。看到電影裡的三輪車、偉士牌機車、大鼻子公車，讓人格外親切，也見識了當時一般人無法消費的大飯店、夜總會、西餐廳。而穿著更是焦點，一般婦女多數穿旗袍、蓬蓬頭，而甄珍是合身洋裝、迷你裙，髮型忽長忽短，是時髦的代表。

甄珍傳記、影展的照片，多數由攝影大師蔡榮豐親自修復為數位化，夫人蔡青樺也大力支持。（蔡榮豐提供）

二〇一九年四月，甄珍受邀參觀高雄左營眷村文化園區。

這都是觀眾美好難忘的回憶。

甄珍說，「談成就、論貢獻，實在說不上，不過，我很敬業，像是打燈光，我都是自己上場，不請別人代勞，免得還要更動。盡全力達到導演要求。幫忙帶引新人，也是很榮幸的事。」演戲時的堅持，她延續至今，凡事親力親為，尤其恪守準時，從不遲到。因《淘氣姑娘》獲得亞洲影帝的江彬說，以前拍戲，只覺得她是個可愛的小女孩，「我不演戲後，回想過去，當時我是和大王巨星拍戲啊，她卻沒有一點傲氣，兢兢業業，太難得了。」秦祥林說，甄珍與生俱來的巨星特質獲得眾多影迷喜愛，和她一起工作常常感染到她的開朗、善良，帶給大家歡樂。

甄珍榮獲金馬終身成就獎絕非偶然，而是集多種因素於一身，她的影響力在哪裡？在電影裡，在影業人士的回憶裡，以及千萬觀眾的心裡。

甄珍在日本演戲時，也拍了廣告，巧笑倩兮，美目盼兮。

樂觀自在 坦然面對老病

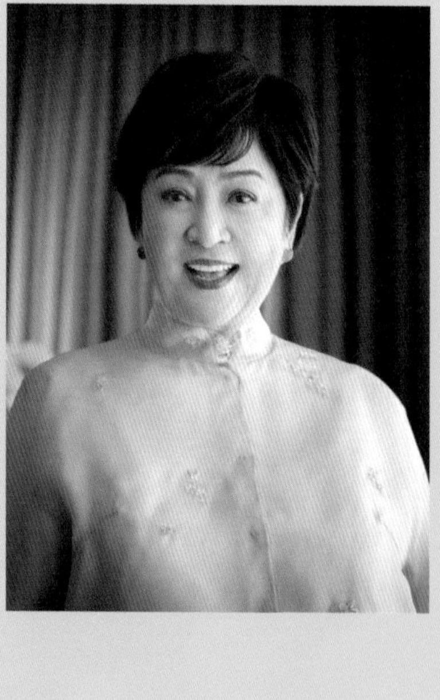

（左右圖均為蔡榮豐攝影）

甄珍年輕時像個美麗的白瓷娃娃，是上帝的傑作，五十年的歲月還是在她身上留下印記，她卻連做臉都懶得去。「我不愛美，也不認為美麗是這麼重要的事。」

初中時，她開始發育，發現自己有了胸部，覺得很害羞，時時刻刻駝著背，還把制服上衣往外拉直，怕貼在身上顯露出胸部。當了明星，她也不愛漂亮，懶得梳理頭髮，常常戴著帽子，連拍照都這樣。

為何不整形？她說，人老很正常啊。年紀大了，會攬鏡自憐嗎？她很確定的說：「生老病死是人生必經的，我從來沒有年華老去的傷感。年紀大有年紀大的樣子，很自然。人活著要快樂，不要和自然的事情過不去。」

她以前是大明星，後來被認為是貴婦，但是她從不炫富，也不崇尚名牌，「以前拍戲到日本、香港買衣服，我不認識名牌。在美國知道了，可是沒有我的尺碼，呵呵呵……我的衣服很多是美金二十五、三十塊的。穿得舒服最重要，不是非名牌不可。」她拍戲的酬勞，母親有的買了珠寶，後來她也買一些，但是放在保險箱裡，近一年才偶爾戴戴，「老了，皮膚鬆了、皺了，要趕快戴一戴。」

她的美，不限於角度、表情、造型，即使流淚、皺眉、生氣都美。經過歲月的洗滌，增添了沉穩平和，絲毫不遜當年。她和朋友聊天，最常聽到：「甄珍啊，妳要節食了。」朋友為了幫她瘦身，要求以後聚會不吃飯，喝咖啡就好，她回：「咖啡不好喝，飯好吃，我們可以先吃飯、再喝咖啡。」談到她的胖與吃，劉子千睜大眼睛說：「妳知道嗎？我媽媽腦子開刀，第二天就吃韓國料理，第三天吃生魚片。」她笑說：「開刀餓了一天嘛！吃東西是最快樂的事。」

事實上，她吃得不多，發胖主要是愛吃甜食。她和汪玲聚會，點了過多的蛋糕，已是金融專家的汪玲怕胖不吃，開玩笑說：「章家珍不愛錢，我愛錢，所以我有錢，給她吃蛋糕就好了。」甄珍哈哈大笑：「對對對，妳有錢，我靠妳就好了。」兩人在國聯時，汪玲認識美軍聯誼社的人，常帶甄珍去，「章家珍就是為了冰淇淋去的。」她點頭說，那時候想著盼著都是冰淇淋。

有一次在五星級飯店歇歇腿，朋友都點咖啡，她叫了一客香蕉船，等了許久，服務生才捧來一盅銀器來，掀開蓋子，她臉上的期待變得好失望，因為容器很大，裡面只有一根小香蕉和兩球冰淇淋，「才兩球？」太不夠意思，也太不過癮了。

經過星巴克，即使是大寒天，她都要喝大杯的星冰樂，滿足的攪拌咖啡和鮮奶油，勸朋友也來一杯。有一次，她眼睛定在隔壁桌的小女孩，因為小女孩也在喝星冰樂，她好似獲得莫大的共鳴，「真的很好喝耶！」表情天真可愛，絕對是星冰樂的最佳代言人。

她家有個大餐桌，上面放了層層疊疊的各種甜食。她最愛巧克力糖，家裡總備著好幾種，銀霞和子千看了就藏。她曾經捧著一盒巧克力糖搭電梯到一樓，正要把糖放入嘴裡時，進來一位鄰居，讓她有點尷尬，只好呵呵呵……有一次，朋友送她一大包黑色的糖，她高興的問：「要不要吃純黑巧克力糖？」自己先吃一顆，發現是「黑糖」，失望不已。

她從不介意外型改變，常笑自己是大肥婆，但是七十歲後，她明顯感到體力衰退，而且多病纏身。她心律不整、高血糖、高血壓、腿不好，腦幹還有一顆小腫瘤，台灣、美國的醫生都說不能開刀。怕不怕死？她勇敢的說：「不怕！上帝保守我。」

二〇一〇年，她做健康檢查，照胃鏡時發現一顆小腫瘤，立刻到香港切除，所幸是胃癌零期。二〇一七年二月的深夜，她在弟弟胖子家，一手拿著手機，一手拿熱水杯，從二樓到一樓，「像是後面有人推，我仰著滑下樓梯，撞到頭和坐骨。醫院MRI檢查要排到農曆年，我嫌麻煩沒去，過了年，醫院一直打電話來，胖子的太太要我去，那時候，我已經斜著走路，穿鞋子也對不準了。」

醫生檢查出她的腦內有個大血塊，再不到醫院，隨時會昏倒，立刻被推進急診室，「醫生對我解說了一大堆，我聽不懂，一直說 yes、ok、thank you，醫生以為我都聽懂了。」急診室手機不通，胖子找不到她，找了一位台灣去的醫生詢問。那位醫生告訴她明天要開刀，她問：「是你開嗎？」醫生回：「妳要我開嗎？」她趕快點頭，這位醫生的長輩都是她的影迷，開刀順利，也對大明星悉心照顧，後來成了好朋友。

甄珍的美貌被視稱為上帝的傑作，她卻從不認為自己很美麗。

不久之後，她手上被蟲子咬，癢癢的，摳掉後，出現一個突起，醫生看了，告訴她是皮膚癌，手術後化驗，果然是皮膚癌，目前已痊癒。她說：「一連串的消災解厄，都是上帝保守我。」

不過，她對死亡也有一怕，「有一次做夢，就在眼前，飛機砰的一聲爆炸，我看到數字22，醒來後印象深刻，太可怕了！從此不在22日搭飛機，還要連續幾天好天氣才行。」她也非常恐懼地震，一搖晃，她和幫傭在客廳柱子旁緊緊抱著，腿發軟，一個喊上帝，一個叫阿彌陀佛。不是不怕死嗎？她說：「墜機和地震，都會死無葬身之處，人海茫茫，多可憐啊！」

二〇一九年她連續出傳記和辦影展，朋友建議她趁機瘦身。她訂了許多減肥方法和時間表，但都只是紙上作業，最後決定最簡單的法子，「只吃蔬果，不吃澱粉」，想想又說：「不吃澱粉會餓啊，人也不能太瘦，不然臉上的皮膚都皺起來。唉，少吃一點就好了。」樂天派凡事想得開，瘦不瘦、美不美，沒關係。

甄珍之前在洛杉磯買了三塊接連的墓地，要把爸爸和媽媽葬在一起，當時一塊留給自己，「我現在決定，將來在哪裡走，就葬在哪裡，不要費事。我也早就交代子千我的後事了。」她希望一切從簡，不勞煩孩子。面對生死病痛，甄珍豁達無懼！

年紀大了，甄珍沒有年華老去的傷感，認為不要和自然的事情過不去。（蔡榮豊攝影）

重逢謝賢
最對不起的人

甄珍一生，除了輝煌的演藝事業，影迷最關注的是她的兩段婚姻。談到第一任前夫謝賢，她總先說：「他是一個好人。」撰寫傳記以來，她重複的說：「他一直對我很好，非常照顧我，很紳士，是位君子。」因劉家昌介入，謝賢提出離婚。她感嘆的說：「嚴格來說，我們結婚不到一年就不在一起了。」

甄珍和劉家昌一九七九年結婚，不到九年離婚。謝賢和香港藝人狄波拉一九七八年結婚，十六年後離婚。繞了一圈，兩人都回到單身。

甄珍和謝賢離婚、再和劉家昌結婚，四十年來，原因撲朔迷離。撰寫傳記期間，甄珍因和劉家昌的關係惡化，不便採訪；我幾番表示要訪問謝賢，她都說好，最後透過好友姜大衛、李琳琳夫婦安排聯絡。二〇一八年七月二十五日，姜大衛、李琳琳在香港約甄珍和謝賢見面，地點是謝賢常去的高爾夫球俱樂部。細心的甄珍對我說：「我先和他見面，看看情況，妳來香港時，比較有把握。」

見面那天，甄珍先到餐廳，謝賢和姜大衛、李琳琳同到。甄珍坐在他的左邊，他一直和右邊的姜大衛說話。甄珍說：「他不看我，也不跟我說話，不知道他是不是故意不理我，我還是跟著點頭、搭話；後來他去洗手間，回來後跟我說：『妳很像一個人，可是妳比較大號！』李琳琳告訴他：『她是章家珍啊，你的第一任老婆。』他沉默一下，突然問：『妳有愛過我嗎？』

我本來想說『當然有』，但有點傻住，笑一笑沒回答。」

大家告別時，謝賢肯定的對她說：「妳是ㄧㄢ珍（粵語甄的發音 yen）！」她感動的點頭，四十二年沒聽他用廣東話喚自己的名字。

到了香港，我先採訪甄珍幾位好友。二十九日，採訪謝賢的前一晚，我和甄珍都有些緊張，不知道他會不會變卦，或是不願意重提往事。三十日的下午，天氣晴朗，有點悶熱，還是約在人少寬敞的高爾夫球場俱樂部餐廳，我們先到，一會兒，謝賢、姜大衛、李琳琳出現。謝賢穿著白色無袖襯衫，搭配黑底白格長褲，外加一件白黑相間的休閒外套，梳起馬尾、戴著方框墨鏡，他的一貫造型，修長俐落。八十二歲，還是一身明星派頭。

他一見到甄珍，立刻笑著張開雙手擁抱她，在她左右臉頰貼一下，再幫她拉椅子坐好，果然是紳士，甄珍笑得有點靦腆。我和甄珍坐在他的左右邊，他有些拘謹，客套一下，像是久違的老友見面，一時不知從何說起，他替大家點了茶點，姜大衛夫婦卻說有事先走，應該是為了讓謝賢輕鬆受訪。

太陽剛好斜照在謝賢臉上，皮膚白淨，鏡片後的眼睛因下垂而變小。他一開口，不甚標準的國語溫和有禮，讓我感到叱吒香港影壇六十多年的四哥，真的就在眼前。說明來意後，直接問他：「當初怎麼追求甄珍的？」他笑說：「看雜誌照片，發現這個女孩好漂亮啊，很喜歡，所以她到香港時就盡力招呼，藉機接近嘛！」

他繼續說：「和她在一起後，很多人說我花心，其實我交女朋友都是一個一個的，不會同時交往，只是沒有想成家。遇見她，我真的想安定下來。我最愛甄珍，所以我娶她囉！」他輕鬆的說，眼神卻避開甄珍，老先生對多年不見的「最愛」，有一點放不開，甄珍也有些不好意思。

後來為什麼分開呢？他神情嚴肅下來：「有個男的一直追求她，不放手啊，媒體又興風作浪，整個台灣都幫著那個人。最後沒辦法，我心裡太苦了。」那天，他始終未提劉家昌三個字。「離婚前，我到台灣三次，找過李行、張冰玉，希望他們幫忙。在甄珍家門外守著，看到那個人進進出出，也見到兩個人一起出門。我避開他們，也沒有跟蹤他們，免得三個人見面尷尬。」他嘆口氣，落寞的眼神停在遠處。甄珍驚訝的說：「我不知道你來過台灣。」

離婚之後呢？他搖頭說：「很痛苦啊，她沒有選擇我，是她不要我的。我開車到山上，大聲哭……大概哭了半個小時，捨不得她離開我，更心疼她跟那個人，為什麼要跟那個人呢？香港和台灣的人都說他有問題啊，我很不放心。一連到山上幾個月，後來我想，算了，管他媽媽嫁給誰！都過去了。」他揮揮手，強調都過去了。透過淡淡的鏡片，看到他泛紅的眼睛中有層淚光。四十多年，敘述這段經過，他仍是心如刀割。

甄珍眼眶也紅了，不知道該說什麼。突然，謝賢有點激動：「我相信妳和那個人可能沒有

謝賢因甄珍發福而沒認出她，後來她為了出書、影展，忙得瘦了十公斤。（蔡榮豊攝影）

交往，可是妳為什麼不直接拒絕他呢？回到香港，不要理他嘛！」甄珍忍著沒說：「那時候還有戲約，我必須履行啊。」謝賢轉頭對我說：「那時候外面的人說我打了她一巴掌，我一生沒有打過女人，更不會打她，這是不可能的事。」甄珍點頭：「都是外面的人亂猜亂編的。」

謝賢情緒和緩下來，說起之前在香港匆匆遇到甄珍兩次。第一次在半島酒店喝茶，和一群朋友，前妻狄波拉也在場，朋友說：「那邊有個人你認識。」他走過去沒認出甄珍，以為是影迷，只打了個招呼，朋友問怎麼回來了？他說不認識啊，朋友說：「那是你的前妻甄珍啊。」他立刻回頭，但她已經離開。第二次在咖啡廳，他已和狄波拉離婚，看到甄珍母子，大方過去說幾句話，還幫她結帳，母子倆離開前也禮貌的過去說謝謝。

甄珍說：「那天，子千先看到謝賢，還對我說，欸，妳的前夫在那邊，呵呵呵！」

謝賢曾在大陸央視《魯豫有約》說過遇到甄珍的事，懊惱的說：「我沒認出她，她完全變了樣子。後來知道是她，我很不好意思。這是我一生中最大的錯過，非常內疚。」當著甄珍的面，他又說：「第一次我沒有認出妳，非常對不起。」甄珍善解人意的回答：「不會不會，分開時，我是《一簾幽夢》的樣子，你再看到我，是我最胖的時候，當然認不出來。要是別人如此，我也認不出來啊！」

空氣凝結幾秒，謝賢突然說：「我最愛的是妳！上天對我太好了，我很知足，所以都不敢做壞事。」話題轉變成他的日常生活，他說自己很注重運動，每天倒吊五分鐘，周潤發和他住得很近，常一起走路爬山，說著說著，他脫下外套，展示雙臂肌肉，老先生真的有在練喔。

他把眼鏡拿下來擦拭，三十多歲他就戴著墨鏡，有段時間網友還討論「謝賢摘下眼鏡是什麼樣子」？他問我，沒有戴眼鏡是不是很奇怪？我說，很不一樣，戴起來好看。他笑說：「我以前是為了造型，有很多眼鏡，現在是老了啦！」他年輕時是玉面小生，斯文英俊，這一刻，還是老帥哥。過一會兒，他又把外套穿起來，對甄珍說：「我最好不要談感情，所以我讓感情都過去，也都過去了。每個人都有難處，不能怪誰，一切都是老天安排。」重複說了幾次「都是老天安排」，意思是他不怪甄珍。

黃昏了，司機在外等他。從餐廳出來有個小下坡，甄珍體貼扶著他，他笑說：「照我的年齡，妳扶我是對的，不過，我的身體很好。」問兩人合照好嗎？他馬上答應，開心的調整姿勢，自然而然的牽起甄珍的手，這一刻，他臉上滿是溫柔愉悅，甄珍含蓄的笑著，這張牽手照開啓緣分的另一章。

臨上車，兩人互加了微信。他對我說：「我今天說的話，沒有跟別人說過喔，不要把我寫得太可憐。書出來了，要告訴我，我要去參加甄珍的新書發表會和影展喔！」這麼大方有誠意，我感動得握握他的手。

晚上，和甄珍通電話，她難過的說：「唉，我不知道他來台灣找過我，不然一定請他進來，他為什麼不進來呢？談一談，也許問題就過去了。應該是怕我媽媽吧！後來知道他找過李行，也去日本找我的小舅媽，真的太委屈他了。」故人見面什麼感覺？「很奇妙，當年是夫妻，如今都七老八十了，時間改變了容顏，但還是那個人，感覺陌生又熟悉。我很感激他，也很歉疚把他傷得這麼重。我一生不欠人，只欠謝賢。」

那天後，甄珍開始寄些健康資訊給謝賢，擔心他太瘦、營養不夠，想做些營養的菜餚給他送去，又怕引起誤會。謝賢一直沒有回信。一個月後，她再去香港，謝賢剛好透過李琳琳聯絡她。「我打電話給他，才知道他不看微信，沒有看到我寄的訊息。」

當天晚上，姜大衛、李琳琳、鄧光榮太太等十多人請甄珍吃晚飯，謝賢知道了，主動要參加，甄珍說：「今天客人比較多，多數你不認識，餐廳環境也雜，你不要來。」謝賢說：「沒有關係，我不怕，我什麼地方沒去過！」甄珍擔心被人拍到照片，「現在人人都有手機……」但他堅持要去。晚餐時，甄珍先到，謝賢一出現，在座朋友全部起立歡迎，他看到甄珍，又是左右臉頰碰一下，這洋人大禮，讓甄珍在眾人面前尷尬微笑。

兩人被安排坐在一起，甄珍幫大家布菜，謝賢反過來替她夾菜、盛湯，甄珍趁空才幫他夾幾道菜，但他吃得很少。整頓飯，謝賢興奮愉快，在座朋友也歡喜感動，不停的敬酒恭喜兩人。

二〇一九年四月，謝賢得到香港電影金像獎終身成就獎，甄珍特別恭喜他。

和甄珍重逢後，謝賢參加她和朋友的餐會，友人前排左起連炎輝、李琳琳、謝賢、甄珍、鄧光榮太太，後排左起梁海平、姜大衛。

李琳琳說：「謝賢離婚後，他住的地方和我家很近，幾乎每天下午到我家，躺在客廳沙發上看電視，看著看著睡著了，一個多鐘頭後醒了，就回家了；晚上又來看電視，同樣的睡醒了回家，大家都知道他心裡苦，無人可訴，我們也只能看著他這樣來來去去。」甄珍沉默地聽著。

吃完飯，甄珍站起來，謝賢自然而然的牽著她的手，一直走到車水馬龍的彌敦道路邊等車，李琳琳看了「哇」一聲：「『抓手仔』啊，四十年前的『抓手仔』。」甄珍怕人看見，更怕被路人認出拍照，幾度抽回手，但謝賢抓得牢牢的，就是不放。

謝賢要甄珍的司機回去，他有司機，一起送她回家，甄珍婉拒：「你住香港，我住在九龍，要繞一個大圈，太晚了，你先回去。」他說，他睡得晚，沒關係。甄珍再說：「不行吶，太遠了，下次吃中飯，你再送我。」他才不堅持，各坐各的車回家。

在車上，甄珍的手機不停的叮叮噹噹，剛才吃飯的朋友一個個傳信來，表示看兩人和好感覺很溫馨。友邦保險公司的香港區執行總監連炎輝說：「看到四哥對妳無微不至，非常溫暖，我們都好感動。」甄珍回信：「謝謝你們，他一直對我很好，他越友善大方，我越難過。現在他年紀大了，很需要人照顧，我們也很難見面，見到就盡我所能的照顧他。唉，人生就是這麼的脆弱無情，你們從表面看來很溫馨，其實我內心充滿了愧疚和無奈。」

第一天，甄珍和王安妮吃中飯，謝賢打電話問：「妳要不要和我一起喝下午茶？」他特別選了安靜的餐廳，讓甄珍放心，在場的有王安妮和謝賢的好友。甄珍教他看微信，他認真的學，誠心誠意的說：「上次見面，我們只拍兩張照片，一套衣服。應該到海邊、樹林，走走拍拍，照片才豐富，把傳記做得好一點。」甄珍感動不已的說：「這個『謝老賢』還是這麼體貼！」

王安妮的先生劉亞佛是《銀色世界》的社長，寫過一篇謝賢的文章，敘述單身後的謝賢，邀鄧光榮等好友到家裡吃狗肉，因為缺了細心的女主人，家裡零食不夠，狗肉也來不及上桌，客人飢腸轆轆，謝賢只有尷尬以對。言談間，謝賢道盡對甄珍的掛念，朋友無從安慰。當大夥兒在屋內熱鬧著，他在冷瑟的黑夜裡獨自坐在樹下，點根菸映出泛紅的眼眶，想哭，哭不出來，想笑，更笑不出來。屋內重複傳出讓他心碎的旋律，「我有一簾幽夢，不知與誰能共……」

王安妮說，見到兩人和好如初，感動又感慨。「當初劉家昌問我甄珍去哪裡了，我說日本，沒想到他立刻跑去日本，真的找到甄珍母女，新聞曝光後，兩人就回不了頭了。隔了四十多年，兩人不能做夫妻，但能當一對關心彼此的好朋友，多好啊！真是緣去緣又回。」謝賢說，看過關於劉家昌的書，讚美他才華洋溢，但是無法理解他搶得了甄珍，為什麼不珍惜她呢？

第三天，甄珍搭下午的班機回台北，謝賢上午打電話來：「我送妳去機場好不好？」甄珍又婉拒，他看堅持無效，喃喃的說：「不過，我送妳去機場，我會哭……」好似過去那般捨不得她。回到台灣，甄珍告訴我：「我要很謹慎，以前任性衝動，傷害了謝賢。現在他不計前嫌，那麼真心體貼，我充滿感激，所以每一件事都要小心，不能再傷到他。」

甄珍經常提醒謝賢多吃營養食物，也送給他德國增強記憶的銀杏，她說：「謝賢很有福氣，兒女很愛他，謝霆鋒幫他請司機、助理、傭人，非常孝順。但他說沒食慾，吃不下去。也許多找幾位朋友吃飯，他高興，就吃得多，像我一樣，呵呵呵……」每次聯繫，謝賢必問甄珍何時回香港，要請她吃飯，也關心她的傳記和影展，再三強調要來台灣參加，「我一定會帥帥的來！」

謝賢二〇〇四年獲得第九屆香港電影金紫荊獎終身成就獎，二〇一九年再獲香港金像獎終身成就獎，本想邀甄珍頒獎給他，但是她沒做好心理準備，他也不強求。

二〇一九年的三月，兩人第四次見面。甄珍因影展需要，請謝賢把過去她主演「謝氏兄弟」的電影授權給她，她才發現自己是那些電影的出品人。她準備了授權書，請他簽字，他看也不看的就簽了：「妳通通拿去，我的東西都是妳的，我連命都是妳的，哈哈哈……」又半真半假的說：「我跟妳分開後，妳知道嗎？妳傷我多厲害，我都沒有碰過別的女人。」現場人大笑，問他一對兒女怎麼來的？甄珍笑得最開心。但是授權書漏填謝賢的身分證號碼，授權無效，她也就不要了。

幾乎每次見面，謝賢總是甜蜜的對甄珍說：「我是妳的初戀，妳是我的第一個太太。」這是他深藏在內心的依戀，也是他誠摯的宣示。

甄珍的美好，讓謝賢當年一見鍾情，時隔四十多年，兩人昔日舊情昇華為友誼。
（梁海平攝影）

書寫傳記　修改百轉千回

徐紀琤

撰寫甄珍傳記，最初擬用第一人稱，她口述，我記錄整理。但是，個性謙虛的她說話含蓄，對燦爛奪目的星光，僅描述「容貌只是普通，演戲不過是工作，優點就是規規矩矩」，倒是時時讚美感謝別人。常常問她十句回三句，深怕溢美了自己，是個「句點王」。

早年拍戲的事，她大多忘了或不太清楚，因為都是母親主事；拍片相關內容，時間久遠，又拍得太多，記得的也有限。「時間」是她最大的弱項，父母帶她哪一年從上海到台灣？她不確定，找銀霞幫忙想，「應該是一九四八年吧，哎呀，我那麼小，怎麼記得呢？」哪部電影什麼時候拍的？她更記不得，甚至問：「我拍過這部片子嗎？」在美國住在哪裡？也要問弟弟胖子，「因為搬家太多次了。」

不記得，不是記憶力差，劉子千從小到大的事，她如數家珍，朋友對她的好，也不曾忘記。她是天性灑脫，不重要的事不用記；拍戲的時候，不看自己的電影。息影後，徹底放下明星光環，不戀眷，不回憶，皆是過眼雲煙。藝人多自戀，她卻不認為自己多麼美麗獨特，揮揮衣袖，不帶走一片雲彩。

因此傳記改成採訪寫作，盡可能的訪問她的親朋好友，可惜父母、長輩已逝。她出道早，一起工作的人比她年長許多，多數導演、演員都不在了。大量搜集資料，但她拍戲時不看報，息影後更不關心。找出堆積如山的舊聞，讓她回憶、思索，但她大多沒印象。就連拍《鳳陽花鼓》時，因劇情涉及強暴，引起拍攝地點新竹湖口鄉民譁然，禁止拍攝的大新聞，她都說：「沒有吧？」《煙水寒》入圍金馬獎最佳女主角，她也不知情，可想她當時生活的忙碌與閉塞。她堅持，不記得就不要寫，以免有誤，對讀者負責。

看到當年她和劉家昌感情甜蜜的報導，她的反應是不願回首。

撰寫過程，最大的困難是，她希望不要提到劉家昌，但是不談他，兩人息息相關，她生命中的五十多年難以呈現。最後她決定先寫，再看如何刪改。主意定了，她坦然面對過去，我同步走過她的甜蜜、痛苦、委屈和無奈。

對於也是前夫的謝賢，她倒是不排斥，因為回憶是美好的，他對她自始至終體貼保護，她誠摯的對他表達感謝與抱歉。

到香港採訪謝賢那天，聽他訴說四十三年前的痛苦與屈辱，感動他四十三年後的善良與寬容。我一夜失眠，感慨造化弄人，滿腦子四哥在山上哭……《一簾幽夢》裡贏得佳人的費雲帆……

八十二歲最愛著甄珍的老帥哥……還有鏡框後的眼淚……幸而兩人恢復來往，讓昔日舊情，昇華為友誼，成為兩人生命最美好的結局。

甄珍二十八歲時和謝賢分手，因為個性傳統，重名譽又好強，陷入自卑自憐。當時她說：「劉家昌常說我孩子氣；但人不能永遠像個孩子嗎？我知道不可能，我離過一次婚，所謂『水滴石穿，非一日之功』，我的心是滄桑、是辛酸、是痛楚、是迷惘，我怎麼可能再像小孩無憂無慮呢？」她個性單純，劉家昌給她取了小名「章小幼」，平常叫她「小幼」。

離婚的逃避心態，加上劉家昌的熱情追求，她順勢再婚，可惜所託非人，終究再次離婚。這次隱瞞離婚，為了子千，也是她害怕外界再一次的矚目與批判。怕丟人，寧可從此單身。當時她是四十一枝花，仍美麗動人，仍有眾多愛慕者……她搖搖頭：「唉，兩次婚姻都失敗，夠了！」

傳記初稿完成前，她想到好友們都說她的趣事，擔心自己像個二百五。看到初稿，她又不好意思：「把我寫得這麼美、這麼好，我有沒有這樣美、這樣好啊？我覺得很害羞耶。」

初稿出爐後，她有兩項顧慮，一是好友，例如林青霞和林鳳嬌，她認為兩人個性低調，不宜多談，以免打擾她們平靜的生活，故將原來的章節「二林」合併到「二秦」裡，呈現她和四人的友誼、工作關係。她也不願與人比較，避免造成相關者不悅，這是她的心思細膩、考慮周到。

二是，簡單交代她和劉家昌的一切，因而刪除兩人戀愛、拍戲、作秀、投資等過程，以及他自己都承認的緋聞，在臉書上罵她與子千的「連續劇」……她僅強調：「幾十年來，我息事寧人，什麼都不說，給他留面子，也怕人家看笑話。後來在臉書上回應他一次，是為了還子千公道；在傳記中澄清財產的事，是必須維護名譽，我怎麼會貪奪他的呢。」

八年前專訪甄珍，一家三口和樂融融，聊著她的美麗和電影時，劉家昌開玩笑：「當年以為娶的是香奈兒，沒想到變成佐丹奴。」我一時沒聽懂，因為太意外，望了一下超級巨星，她臉上閃過剎那的尷尬，又迅速的回復笑容。我卻笑不出來，怎麼這樣傷人呢？告別時，握著她的手，有些粗糙，應是常做家事，不是養尊處優的貴婦手，我又一次的意外和心疼。

專訪拍的一家三口合照，每當鬧出新聞，就出現在多家媒體上，讓她看了難受。很少提出要求的她，連問幾次：「《中國時報》的照片，怎麼每一家都可以用啊？可不可以跟他們說，請不要用那張照片呢？」她甚至希望不要再刊登她和劉家昌的合照，我說沒有用啦，她難得堅持：「妳在書裡面寫嘛！就說我拜託、謝謝他們。」

出自軍人家庭，甄珍充滿正義感，看到弱勢被欺負總是感嘆：「何必欺負人呢？」讓我聯想當年外界批評謝賢、劉家昌，她正義感加上同情心，替他們說話，也付出感情，為他們拍電影，幾乎未收酬勞。最明顯的是谷名倫事件，她不畏責難，勇敢的陪著劉家昌離鄉背井，換做他人，多以自己前途為重。

有一天，她想不通的問：「妳覺得他到底有沒有愛過我啊？」我聽了一陣酸楚，劉家昌真的傷她太重了！當初口口聲聲說愛她、最愛她，以歌名〈只要為你活一天〉對她承諾「只要為你活一輩子」，這般海誓山盟，若不是毀滅性的打擊，怎能讓她質疑他的愛？而她為他背負罵名、歷經艱辛，又如何消受這推翻一切的質疑？

我想，劉家昌最初是愛她的，而且是狂戀痴愛。只是有人的愛情燒得快、熄得也快，或許劉家昌認為單純老實的「小幼」永遠不變，總會在燈火闌珊處……若不是劉家昌傷了子千，很能忍的她，到現在仍和他扮演著幸福夫妻，心裡也當他是家人，心甘情願的照顧他。

整理傳記照片時，發現她這幾年的照片，比十年前的漂亮。劉家昌離家後，少了他的折騰，她的日子輕鬆不少，人也顯得神清氣爽。不過，他一再罵她、告她，讓她寒透了心。他不知道「章小幼」也會哀莫大於心死嗎？「杭鐵頭」到了底線是不回頭的嗎？

歷經無數挫折傷痛，她對劉家昌從未口出惡言，最多苦笑：「怎麼會這樣呢？唉，真是搞不過他。」很少聽她喊痛，只有一次，她喃喃自語：「大家都對我很好，沒有人傷過我，只有他，讓我嘗到『傷』這個字，原來是這麼的痛。」

採訪多在她家進行，她回想與劉家昌後期的關係時，常在陽台上點根菸，望著寬敞的基隆河景，藍天白雲或細雨綿綿，吞雲吐霧時神情悵惘、若有所思。她煩惱或壓力大時就吃東西。她曾說：「子千出生後，劉家昌還是賭，我很焦慮，感覺沒有希望，只有吃，越吃越胖。」三十多年來，甜食是她的百憂解，香菸成了忘憂草。

最後定稿前，她又要求除了關鍵事件，盡量刪除劉家昌的部分，能不提且不提。因為一位修行的友人告訴她，兩人恩怨已到盡頭，再起事端，冤仇將延續到來生，她嚇得說：「哎呀，還下輩子啊，千萬不要再碰到了。」感悟佛家所言：「若不相欠，怎會相見，今世已還，來生不見。」

她和劉家昌在一起後，不得不相信一切都是命運的安排。「像劇情一樣，十六歲認識他，對他沒感覺，就這樣推一步走一步。又不是一開始就喜歡他，聖誕節帶我上山、後來到日本找我，我都沒有動心。完全不可能的事情……可是命運就是要我和他在一起。」

她為自己下了注解：「我的一生，像在大海裡被浪推著一波一波的往前行，無法抗拒。」兩次婚姻破碎收場，她不怨天尤人，「都是我自己選擇的，能怪誰呢？再說，我有愛我的家人、朋友、喜歡的工作，還有許多影迷。也許因為這樣，老天才在婚姻上給我一些苦頭吃吧。人沒有十全十美，這很公平，我很知足了。」她的朋友不少嫁入豪門，婚姻幸福，羨慕她們嗎？她說：「羨慕啊，可是我也擁有很多了。」

一年多來，她感冒不斷，腿也受傷。一天夜裡，她發出少見的感慨，感情讓她荒廢了四十多年，年紀大了，健康不如以前，想法也沒了……「為什麼人生這麼難呢？」又親切的說：「老妹啊，妳還年輕，好好把握時間，做開心的事……」她的叮嚀讓我心酸：這麼好的人，被婚姻蹉跎了大半輩子。

腦海裡，常浮現甄珍十六歲的清純模樣，那個讓劉家昌一見鍾情的少女，他歌曲〈天真活潑又美麗〉的代表。多麼希望她和劉家昌的糾葛早日了結，各得其所，老天賜予她渴望的平靜。七十才開始的新人生，無憂無慮。

劉家昌曾說甄珍最大的優點是「厚道大器」。她確實是「溫柔敦厚」的典範，傳記中，提到當年電影界的環境、相關人事，她憂慮造成當事人困擾，怕他們不高興、誤會她，刪除不少。

對未來，她只求子千健康、做喜歡的工作、家庭幸福快樂。她自己則想找個養老院，和同年齡的人相處，活在當下，不寄望明日。有人覺得厚道難免愚蠢，但在她身上，厚道讓她寬大包容、知恩圖報，得以結交眾多好友與貴人，獲得快樂與平和。願甄珍的朋友、影迷，因著她，學習成為厚道寬容之人，一生享有厚福。

（梁海平攝影）

甄珍與徐紀琤。（蔡榮豐攝影）

甄珍大事記
與
電影作品

（梁海平攝影）

時間	事件
1978.12	受谷名倫自殺事件影響，隨劉家昌赴美
1979.1.24	與劉家昌在拉斯維加斯公證結婚，3 月 25 日在洛杉磯宴客 主演劉家昌《揹國旗的人》
1981	投資開設洛杉磯「甄珍大飯店」
1982	復出主演《寒江秋水》、《風水二十年》、《聖戰千秋》、《我的媽媽》。1984 年息影。共計 85 部戲
1986.4.21	39 歲生下獨子劉子千
1987.8.31	與劉家昌簽字離婚，對外保密
2009	劉子千發行首張創作專輯《Mr. Why》
2013.11.23	榮獲第 50 屆金馬獎終身成就獎
2015.5.21	公布與劉家昌已離婚 28 年
2019.6.28	出版傳記《真情真意：華語影壇第一代玉女巨星甄珍的千言萬語》
2019.7.12	高雄市舉辦個人影展和文物展

甄珍大事記

時間	事件
1947.7.17	北京協和醫院出生。浙江杭州人，名為章家珍。父親章沛霖，母親張鳳琴
1948	隨父母搭船到台灣。3 歲時弟弟章家維出生，4 歲時，全家搬到日本東京，11 歲時全家回台灣，13 歲時妹妹章家興（銀霞）在台北出生
1959	初中上金陵女中，後轉學泰北中學，文化學院五專部舞蹈科，肄業
1964	在 3700 多人中，唯一考上國聯電影公司演員，李翰祥取名甄珍
1966	演出第一部電影《天之驕女》，陸續主演《幾度夕陽紅》、《明月幾時圓》、《遠山含笑》、《鳳陽花鼓》、《陌生人》六部戲
1967	國聯公司因財務困難結束。與中影簽下三部電影合約，主演白景瑞導演《新娘與我》，刷新喜劇片票房
1969	主演白景瑞導演《今天不回家》，轟動香港、新馬
1971	主演李翰祥導演《緹縈》，與男主角謝賢戀愛。以《緹縈》獲第 17 屆亞洲影展最佳女主角獎，赴日拍攝三部戲
1973	主演李行導演《彩雲飛》、《心有千千結》、《海鷗飛處》，白景瑞導演《一簾幽夢》，為瓊瑤電影第一代女神
1974.3.22	與謝賢相戀三年多，在香港祕密登記結婚
1974	主演謝賢導演《冬戀》，獲第 20 屆亞洲影展最佳女主角獎
1974.6	主演白景瑞《一簾幽夢》，劉家昌猛力追求
1976.6.1	與謝賢簽字離婚，開始與劉家昌交往
1977	以《煙水寒》入圍第 15 屆金馬獎最佳女主角

上映時間	片名	導演	演員
	愛你一萬倍（往事只能回味）	楊道	柯俊雄、崔福生
	緹縈	李翰祥	王引、謝賢、歐威、潘潔漪
	騙術奇譚	李翰祥	謝賢、胡錦
	淘氣姑娘	楊甦	江彬、湯蘭花、曾江
1972	淘氣夫妻	楊甦	江彬、湯蘭花、曾江
	淘氣三千金（識途老馬）	梁哲夫	岳陽、陳萍、李芷麟
	淘氣公主	陳重生、江楊	謝賢、李昆、王萊
	騙術大觀	李翰祥	張揚、喬宏、秦祥林
	祇羨鴛鴦不羨仙（奇人奇事）	李翰祥	謝賢、胡錦、岳陽
	黑吃黑	高寶樹	張翼、陳鴻烈、孟莉
	喜從天上來	王天林	岳陽、張冰玉、葛香亭、盧碧雲
	發達之人（百萬千金）	杜寧	柯俊雄、謝賢、趙雷、恬妮
	白屋之戀	白景瑞	鄧光榮、江明、傅碧輝
	珮詩	龍岡	柯俊雄、秦祥林、關山
	窄梯	謝賢	謝賢、金霏、丁佩
1973	騙術奇中奇	李翰祥	李昆、趙雷
	薔薇的標誌	西村潔	加山雄三
	畢業旅行	出目昌伸	馬克・李斯特
	今日之戀	山本邦彥	山田明

甄珍電影作品

上映時間	片名	導演	演員
1966	天之驕女	宋存壽	鈕方雨、馬驥、古軍
	幾度夕陽紅	楊甦	江青、楊群、劉維斌、汪玲
1967	鳳陽花鼓	朱牧	鈕方雨、王冲、孫越
	遠山含笑	林福地	田野、汪玲、康凱（秦漢）
1968	陌生人	楊甦	楊群、李虹、孫越
1969	明月幾時圓	郭南宏	劉維斌、蝴蝶、吳風
	新娘與我	白景瑞	王戎、魏蘇、謝玲玲
	今天不回家	白景瑞	武家麒、鈕方雨、雷鳴
	連環劍	王豪	王戎、陳燕燕、王豪
1970	群星會	李行	王戎、陳莎莉、左豔蓉、張琦玉
	吾愛吾妻	楊文淦	柯俊雄、張冰玉、韓甦
	老爺酒店	白景瑞	柯俊雄、孫越、胡錦、陳鴻烈
	高山青	李嘉	葛香亭、武家麒
	雪嶺劍女	周旭江	鈕方雨、伍家麒
	行行出狀元	孫仲	岳陽、李芷麟
	百萬新娘	丁善璽	王戎、夏台鳳（甄珍客串一天）
1971	玉面貓	鄒亞子	佟林、蔣光超、陳駿
	最短的婚禮	李至善	岳陽、雷鳴、蔣光超
	喜樂哀樂之喜	白景瑞	岳陽、劉明
	歡天喜地	楊甦	柯俊雄、歐威、岳陽、恬妮
	妙極了	李嘉	柯俊雄、王戎、武家麒、歐威
	落鷹峽	丁善璽	楊群、傅碧輝、陳莎莉
	母與女	李行	李湘、王戎、柯俊雄

上映時間	片名	導演	演員
	哈哈笑	龍岡	鄭少秋、沈殿霞、唐菁
	今夜你和我（就從今夜起）	楊甦	秦祥林、華真真、宋岡陵
	微風細雨點點晴（奪愛）	楊甦	秦祥林、張盈真、宋岡陵
	愛的迷藏	徐進良	鄧光榮、江明
1977	變色的太陽	謝賢	秦漢、謝賢、李湘、陳麗麗
	愛有明天	賴成英	秦漢、柯俊雄、甄秀珍
	煙水寒	賴成英	秦漢、江明、周丹薇
	微笑	楊甦	秦漢、劉尚謙
	真真的愛	劉維斌	秦漢、胡因夢
	秋詩篇篇	劉家昌	柯俊雄、向華強、胡因夢
	日落北京城	劉家昌	柯俊雄、谷名倫、徐康泰
	深秋	劉家昌	柯俊雄、胡因夢
1978	楓林小雨	劉家昌	谷明倫、秦風、柯俊雄
	白雲長在天	劉家昌	谷名倫、劉秦雨、張小燕、柯俊雄
	誓言	劉家昌	谷名倫、翁倩玉、秦風
	黃埔軍魂	劉家昌	柯俊雄、谷名倫、向華強
1981	揹國旗的人	劉家昌	柯俊雄、上官明莉
1983	風水二十年	劉家昌	秦漢、柯俊雄、歸亞蕾
	我的媽媽	柯俊雄	呂良偉、柯俊雄、喜翔
1984	聖戰千秋（我是中國人）	劉家昌	秦漢、柯俊雄、石雋、陳觀泰
	寒江秋水（搿豪）	劉家昌	盧燕、嘉凌、銀霞、張魁

★迄今演出 85 部電影。

上映時間	片名	導演	演員
	分秒必爭（我要一張床）	張佩成	向華強、金霏
	明日天涯	謝賢	鄧光榮、沈殿霞、王萊
	天使之吻	廖祥雄	柯俊雄、李慧慧
	彩雲飛	李行	鄧光榮、傅碧輝、葛香亭
	心有千千結	李行	秦祥林、葛香亭
1974	鬼馬小淘氣（少女奇譚）	丁善璽	勾峰、陳慧樓
	富貴花開（四季花開）	李翰祥	岳陽、胡錦、李麗華
	英烈千秋	丁善璽	柯俊雄、陳莎莉
	海鷗飛處	李行	鄧光榮、謝賢、秦漢、鄧美芳
	婚姻大事	李行	秦祥林、歐威、葛香亭
	晴時多雲偶陣雨（好女十八變）	白景瑞	秦祥林、石峰、湯蘭花
	我心深處	劉維斌	秦祥林、梁修身、盧碧雲、周仲廉
	星星星	楊甦	李湘、湯蘭花、梁修身、蔣光超
	冬戀	謝賢	鄧光榮、陳鴻烈、歐陽莎菲
	斗室（一年幽夢）	謝賢	鄧光榮、歐陽莎菲、傅碧輝
1975	一簾幽夢	白景瑞	秦祥林、謝賢、汪萍
	盲女奇緣	丁善璽	謝賢、向華強、張沖、王萊
	未曾留下地址	楊甦	鄧光榮、江明
	龍鳳配（水漣漪）	楊甦	鄧光榮、傅碧輝、貝蒂
	金粉神仙手	羅維	秦祥林、柯俊雄、吳家驤
1976	愛在夏威夷	謝賢	鄧光榮、鄭少秋、沈殿霞
	大富人家	謝賢	鄧光榮、胡錦、金霏

PEOPLE 433

真情真意

華語影壇第一代玉女巨星甄珍的千言萬語

作　者—甄珍
採訪撰稿—徐紀琤
全書照片提供—甄珍
封面照片攝影—梁海平
封面視覺暨內頁設計—黃寶琴、優秀視覺設計
主　編—李麗玲
責任企劃—金多誠
總編輯—曾文娟
發行人—趙政岷
出版者—時報文化出版企業股份有限公司
一〇八〇三台北市和平西路三段二四〇號一至七樓
發行專線—（〇二）二三〇六六八四二
讀者服務專線—〇八〇〇二三一七〇五
（〇二）二三〇四七一〇三
讀者服務傳真—（〇二）二三〇四六八五八
郵撥—一九三四四七二四時報文化出版公司
信箱—台北郵政七九～九九信箱
時報悅讀網—http://www.readingtimes.com.tw
電子郵件信箱—ctliving@readingtimes.com.tw
法律顧問—理律法律事務所　陳長文律師、李念祖律師
印　刷—和楹印刷股份有限公司
初版一刷—二〇一九年六月二十一日
定　價—新台幣五〇〇元
（缺頁或破損的書，請寄回更換）

時報文化出版公司成立於一九七五年，
並於一九九九年股票上櫃公開發行，於二〇〇八年脫離中時集團非屬旺中，
以「尊重智慧與創意的文化事業」為信念。

真情真意：華語影壇第一代玉女巨星甄珍的千言萬語 / 甄珍口述；徐紀琤採訪撰稿. -- 初版. -- 臺北市：時報文化, 2019.06
面；　公分. -- (People ; 433)
ISBN 978-957-13-7831-2(平裝)

1.甄珍 2.演員 3.臺灣傳記

783.3886　　108008223

◎感謝照片提供者、攝影者及提供單位

李行、李殿馨、梁海平、蔡榮豐、秦祥林、呂良偉、林毓彤、徐濟平、張桓誠、陳明中、黃敬文

財團法人國家電影中心、台灣蘋果日報、星光聯盟影業（北京）（郝總）有限公司、香港第一發行有限公司、中國星香港發行有限公司、香港銀色世界出版公司、高雄市政府新聞局、老參攝影

ISBN 978-957-13-7831-2
Printed in Taiwan

本書為尊重著作權人權益，所使用之圖片已盡力聯繫取得授權人同意使用，但仍有部分圖片因年代久遠，著作權人不明或無從取得聯繫。如您是這些圖片的著作權人，或您有這些著作權人明確的聯絡資訊，請與本公司聯繫。

P89、P111／2張、P153下、P191、P202、P203、P213、P223／2張、P224-P225／1張、P265、P277